BRIGITTE BACH

VEGANE BACKTRÄUME

FÜR MARTIN

Auflage:

2017	2016	2015	2014
4	3	2	

© 2014 by Löwenzahn in der Studienverlag Ges.m.b.H.,
Erlerstraße 10, A-6020 Innsbruck
E-Mail: loewenzahn@studienverlag.at
Internet: www.loewenzahn.at

Umschlag- und Buchgestaltung sowie grafische Umsetzung:
LABSAL, www.labsal.at
Fotografien: Michael Eckstein, www.michael-eckstein.de
Icons: Florian Bolka, http://sock.strain.at

Gedruckt auf umweltfreundlichem, chlor- und säurefrei
gebleichtem Papier.

Bibliografische Information Der Deutschen Bibliothek
Die Deutsche Bibliothek verzeichnet diese Publikation in der
Deutschen Nationalbibliografie; detaillierte bibliografische
Daten sind im Internet über <http://dnb.ddb.de> abrufbar.

ISBN 978-3-7066-2541-8

BRIGITTE BACH

Vegane BACK TRÄUME

KUCHEN, KEKSE UND ANDERE LECKEREIEN!

MIT FOTOGRAFIEN
VON MICHAEL ECKSTEIN

Inhalt

Vorwort

Wenn mich jemand fragt, wie ich den Zugang zum (veganen) Backen gefunden habe, dann beschreibe ich meine Leidenschaft gerne als Reise. Sie führte vom Teigschlecken in Mamas Küche über den Einzug einer Getreidemühle in meine eigenen vier Wände zu einem regelrechten Do-it-yourself-Fieber. Die unstillbare Sehnsucht nach feinem Topfenkuchen ließ mich schließlich in eine entscheidende Richtung abbiegen.

Denn mit meiner Entscheidung, mich nur noch rein pflanzlich zu ernähren, passte dieser Lieblingskuchen – konventionell gebacken – plötzlich nicht mehr in meinen Speiseplan. Aber ich wollte weiterhin Kuchen essen – und zwar richtig guten Kuchen. Was ich jedoch vorfand, deprimierte mich zunächst: Eier, Butter, Milch und Obers, so weit Augen und Produktbezeichnungen reichten – und zu allem Übel nicht einmal anständig deklariert. Ich konnte die fragenden Blicke und das verständnislose Kopfschütteln auf meiner Suche nach veganen Leckereien schon nicht mehr zählen, wollte der häufigen Behauptung „man kann doch Kuchen nicht ohne Eier backen" aber trotzdem einfach keinen Glauben schenken.

Die Liebe für Mehlspeisen und der tiefe Wunsch, Dinge möglich zu machen, die unmöglich erscheinen, vermochten so vieles. Also fasste ich einen Entschluss, und der lautete: selbst ran an die Rührschüssel. So begab ich mich in meine Küche, wo ich mixte, wog und ausprobierte, während sich mein Kopf mit immer mehr Ideen füllte. Es entstanden neben sahnigen Creme-Törtchen und flaumigen Gugelhupfen auch die verschiedensten Varianten des innig geliebten Topfenkuchens. Ich habe gemerkt, dass es gar kein Hexenwerk ist, ohne tierische Zutaten zu backen. Vielmehr gelangen mir bereits nach recht kurzer Zeit mit ein wenig Erfahrung und Freude an der Sache die süßesten Himmelsgeschenke.

Was mit dem Verlangen nach Topfenkuchen begann, hat mein Leben auf wundersame Weise verändert, hält mich seitdem gefangen und zugleich so viele schöne Erfahrungen und Begegnungen bereit, dass ich es oftmals kaum glauben kann. Da ich permanent mit mir bekannten, aber auch neuen Zutaten experimentiere, bleibt das vegane Backen ein nicht enden wollendes Lernfeld. Und die Mischung aus Vorfreude und gewisser Unvorhersehbarkeit, ob und wie das jeweilige Ergebnis schmecken wird, ist für mich spannender als jeder Krimi.

Bei aller Back-Leidenschaft möchte ich aber auch niemals vergessen, warum sie sich in die vegane Richtung entwickelt hat. Ich habe viele Jahre vegetarisch gelebt, bis ich im Herbst 2009 den für mich einzig logischen Schritt zum Veganismus gegangen bin. Dieser war und ist eine Herzensentscheidung, mit ethischen und ökologischen Beweggründen an vorderster Stelle. Und so esse ich keine nicht-veganen Dinge, nicht, weil ich es nicht darf, sondern weil ich es nicht will. Weil sie nicht (mehr) zu meiner Lebenseinstellung passen und auch nicht zu den Gedanken und Gefühlen, die ich unserer Umwelt, insbesondere Tieren, entgegenbringe.

Mit diesem Buch möchte ich alle einladen, die kulinarisch süße Seite des Veganismus kennenzulernen und zu entdecken, wie vielfältig und lecker sie sein kann. Ich freue mich sehr, meine Erfahrungen teilen zu dürfen und wünsche allen Bäckerinnen und Bäckern eine spannende Reise in eine ganz besondere Backwelt.

Kleine vegane Backkunde

Was und womit ich backe

Am liebsten klein und fein

Egal ob saftige Vollkornsemmeln, flaumige Cupcakes oder knusprige Kekse – jede Rezeptidee, die mich interessiert, setze ich um. Dabei darf es nie langweilig werden und so tausche ich liebend gerne Zutaten aus, erprobe verschiedene Mehle oder süße auf unterschiedliche Weise. Dadurch entstehen nicht selten ganz neue, ungeahnt feine Kreationen. Mir ist wichtig, dass mein Gebäck nicht nur ansprechend aussieht, sondern dass es sowohl Seele als auch Körper erfreut. Deshalb verwende ich die besten Zutaten, die ich bekommen kann, integriere liebend gerne solche, die das Gebäck mit Vitaminen, Mineralien und Ballaststoffen bereichern (wie beispielsweise Vollkornmehle), meide raffinierten weißen Zucker und süße generell nicht übermäßig.

Am meisten hat es mir das Kleingebäck angetan, weil es sich so fein portionieren und dekorieren lässt und sowohl für eine Kaffeetafel als auch für den Single-Genuss geeignet ist. Natürlich lässt sich alles auch „in groß" backen, indem man die Mengen vervielfacht und/oder den Teig in eine entsprechend große Backform füllt. Und bei der Größe und Form von Keksen oder Kipferln sind der Phantasie ebenso keine Grenzen gesetzt.

Also: nur Mut zum Abwandeln und Ausprobieren! So macht Backen ganz besonderen Spaß.

Vegan und alles ist gut?

Gleich mal vorneweg: Das Leben ist kompliziert und je mehr man über manche Dinge weiß, umso komplizierter wird es.

Die Komplexität des Konsums habe ich so richtig erfasst, als ich Veganerin wurde. Von da an fing ich an, die Herkunft von Nahrungsmitteln ganz genau zu hinterfragen und Zutatenlisten zu studieren. Ich musste aber schnell feststellen, dass man sich auf diese nicht hundertprozentig verlassen kann. Denn manche Inhalts- oder Hilfsstoffe müssen nicht deklariert werden, wenn sie in minimaler Menge zum Einsatz kommen, oder sie verstecken sich hinter einer E-Nummer. Das betrifft auch Backzutaten: So werden Säfte und Essig häufig mit tierischem Eiweiß oder Gelatine geklärt, Zucker- oder Marzipan-Dekore können mit echtem Karmin (E 120) eingefärbt sein. Oft bringt nur eine direkte Anfrage bei der Herstellerfirma Gewissheit darüber, ob das jeweilige Produkt vegan ist oder nicht.

Reicht es mir nun, dass ich weiß, dass meine Backzutaten rein pflanzlich sind? Sicher nicht. Da mich der ganzheitliche Gedanke zum Vegansimus geführt hat, verwende ich aus Überzeugung in der Regel nur biologisch erzeugte und fair gehandelte Zutaten. Ausnahmen bestätigen aber die Regel, denn einige Produkte sind auf dem Markt nur in konventioneller Form erhältlich – dazu gehören beispielsweise Schlagcreme oder bestimmte Zuckerstreusel.

Weiter geht es mit dem regionalen und saisonalen Aspekt. So kaufe ich im Herbst sicher keine Erdbeeren aus einem spanischen Treibhaus, wenn erntefrische Äpfel auf ihre Verarbeitung warten. Jede Jahreszeit bietet so viele Besonderheiten, dass es ein wahrer Verlust wäre, diese nicht entsprechend zu nutzen. Aber was ist mit den vielen Leckereien wie Bananen oder Kakao, die man das ganze Jahr über kaufen kann, aber von sehr weit her kommen?

Und weil es ja nicht schon schwierig genug ist, gibt es außerdem noch Palmöl, das mich vor die Frage stellt, ob ich Produkte, die dieses enthalten, überhaupt verwenden sollte. Denn der Einsatz von Palmöl bzw. -fett in Lebensmitteln, wie z.B. in Schokoaufstrichen, Sojafertigprodukten oder auch Margarinen, ist in den letzten Jahren so explosionsartig gestiegen, dass für seine Gewinnung im großen Stil, oftmals illegal, riesige Monokultur-Plantagen angelegt werden, die die Vernichtung von tropischem Regenwald mit sich bringen.

Manchmal scheint es mir, als müsste ich fast alles in den Regalen liegen lassen und ganz konsequent gehandelt, könnte ich nur noch ein geringes Repertoire an Kuchen mit eben ganz korrekten Zutaten backen. Damit müsste ich mich aber auch von einem ganz großen Stück Lebensfreude verabschieden. Und selbst wenn ich mich sehr anstrenge, alles richtig zu machen, komme ich immer wieder zu dem Schluss: Einen Königsweg gibt es nicht. So habe ich mich entschieden, beim Backen und Einkaufen jeweils abzuwägen und auf Produkte, die einen „Problem-Rucksack" mit sich tragen, entweder zu verzichten oder sie äußerst spar- und achtsam zu verwenden und sie als das zu behandeln, was sie letztlich sind: reinster Luxus.

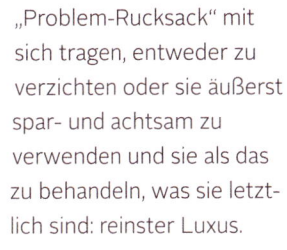

Mit diesen Zutaten zaubert man veganes Backwerk

Vieles, was in den Kuchenteig gehört, ist von Haus aus vegan und kann demnach völlig problemlos verwendet werden. Dazu gehören unter anderem Mehl, Stärke, Zucker, Nüsse, Kakao sowie natürlich die ganze Vielfalt an Gewürzen. Aber was ist mit den Klassikern wie Eier, Butter, Topfen oder Obers, die man unweigerlich mit Mehlspeisen in Verbindung setzt? Auf diese kann man getrost verzichten – man muss nur wissen, welche Zutaten stattdessen für gute Backergebnisse sorgen. Die folgende Übersicht liefert eine Hilfestellung in alphabetischer Reihenfolge.

Statt Buttermilch

Auf die säuerliche Note und Cremigkeit von Buttermilch, die in so manchen Rezepten vorkommt, muss man nicht verzichten, denn man kann das milchähnliche Getränk ganz leicht in einer pflanzlichen Variante selbst herstellen: Ein EL Apfelessig oder Zitronensaft mit 250 ml Sojamilch vermischen und 10 Minuten stehen lassen, bis eine dickliche Masse entstanden ist – fertig.

Statt Butter

Überall dort, wo Butter verlangt wird, kann Margarine oder vegane Butter zum Einsatz kommen. Diese wird aus Kokos- bzw. Palmfett oder Soja- bzw. Rapsöl hergestellt und die rein veganen Varianten enthalten keinerlei Milchbestandteile oder Vitamin D3, das oft aus Wollwachs oder Fischen gewonnen wird. Alternativ kann man auch Kokosnussöl- oder -fett und reine Pflanzenöle verwenden (falls nicht explizit erwünscht, auf Geschmacksneutralität, d.h. Desodorierung sowie auf Hitzebeständigkeit des Öls achten). Auch die Muse von ölhaltigen Früchten, wie Mandeln, Cashewkerne, Sesam oder Haselnüsse, können Butter ersetzen, verleihen aber natürlich ein entsprechendes Aroma.

Statt Eiern

Grundsätzlich erfüllen Eier in Backwaren verschiedene Funktionen und sind, je nach Teigart, für die Bindung, Lockerung, Feuchtigkeit oder den Auftrieb zuständig. All dies kann aber auch mit folgenden pflanzlichen Alternativen erreicht werden. Sehr viele Teige kommen übrigens von Haus aus komplett ohne Eier aus, dazu gehören Mürb-, Strudel-, Plunder-, Blätter-, Germ- und Topfen-Öl-Teige. Für einen schönen Glanz bestreicht man das Gebäck vor dem Backen mit Pflanzenmilch bzw. -sahne anstatt Eigelb, und dessen Farbe kann in Teigen oder Flüssigkeiten durch die Beigabe von Safran oder Kurkuma imitiert werden.

	EIGENSCHAFTEN	1 EI WIRD ERSETZT DURCH	BESONDERS GEEIGNET FÜR
Eiersatzpulver im Handel z.B. unter der Bezeichnung „No Egg" oder „Ei-Ersatz" erhältlich besteht u.a. aus Stärke sowie Treib- und Verdickungsmitteln	erfüllt sämtliche Eigenschaften von Eiern	wird mit Wasser oder Pflanzenmilch angerührt und wie flüssiges Ei weiterverarbeitet; Mengenverhältnis ist vom jeweiligen Produkt abhängig – Zubereitung laut Packungsangabe	Backwerke aller Art, je nach Produkt ist sogar Eischnee für Baiser oder Soufflés möglich
Püree aus Äpfeln, Aprikosen, Birnen, Kürbis, Bananen u.ä.	verleiht dem Teig Bindung und Feuchtigkeit Da es nicht geschmacksneutral ist, sollte es nur dann eingesetzt werden, wenn es zum jeweiligen Backwerk passt Die Gesamtmenge an Flüssigkeit und ggf. auch an Süßungsmitteln muss reduziert werden	ca. 50–60 g	Kuchen, Muffins, Brownies, Brote
Naturtofu oder Seidentofu	verleiht dem Teig Bindung und Feuchtigkeit verleiht Cremes Leichtigkeit und zarten Schmelz Die Gesamtmenge an Flüssigkeit im Teig muss reduziert werden	ca. 50 g fein püriert	Kuchen, Muffins und gehaltvolle, sehr saftige Backwerke wie Schokokuchen, Brownies u.ä. Mousse, Cremes, Puddings
Sojajoghurt	verleiht dem Teig Bindung und Feuchtigkeit Die Gesamtmenge an Flüssigkeit im Teig muss reduziert werden	ca. 50 g	Kuchen, Muffins
Soja-, Lupinen-, Kichererbsen-, Pfeilwurzel- oder Johannisbrotkernmehl Kartoffel-, Mais- oder Tapiokastärke (Hinweis: Guarkernmehl ist zum Andicken von Flüssigkeiten, aber nicht zum Backen geeignet)	verleiht dem Teig Bindung und macht ihn locker dickt Flüssigkeiten an bei Glutenunverträglichkeit bedenkenlos einsetzbar	ca. 1 EL Mehl/Stärke (Pfeilwurzelmehl: 1/2 EL, Johannisbrotkernmehl: 1 leicht gehäufter TL) mit 30–50 ml Wasser oder Pflanzenmilch anrühren	Soßen, Puddings, Backwerke aller Art
Leinsamen	verleiht dem Teig Bindung und Feuchtigkeit nussiger Geschmack reich an Omega-3-Fettsäuren	1 EL fein gemahlener Leinsamen mit 50 ml lauwarmem Wasser anrühren und ca. 10 Minuten stehen lassen, bis eine dicke, cremige Mischung entstanden ist	Muffins, Waffeln, Brownies, Kekse, Brote

	EIGENSCHAFTEN	1 EI WIRD ERSETZT DURCH	BESONDERS GEEIGNET FÜR
Natron und Essig (z.B. Apfelessig) oder eine andere Säure	verleiht dem Teig Auftrieb (durch das Zusammenspiel von Säure und Natriumhydrogencarbonat wird Kohlensäure freigesetzt) und macht ihn locker	1/2 TL Natron + 1/2 EL Essig oder Natron + eine säurehaltige Zutat, die ohnehin im Teig enthalten ist (z.B. Orangensaft, Kakao etc.)	Backwerke aller Art
Weinsteinbackpulver	verleiht dem Teig Auftrieb (durch das Zusammenspiel von Säuerungsmittel und Natriumhydrogencarbonat wird Kohlensäure freigesetzt) und macht ihn locker enthält als Säuerungsmittel natürlich gewonnenen Weinstein anstatt Phosphat	1 TL Weinsteinbackpulver + 2 EL Wasser	Backwerke aller Art
Mineralwasser (prickelnd)	verleiht dem Teig Auftrieb (durch die Freisetzung von Kohlendioxid) und macht ihn locker	ersetzt stilles Wasser oder Pflanzenmilch im Teig teilweise oder komplett und funktioniert in Ergänzung mit anderen Treibmitteln	Kuchen, Muffins

Statt Frischkäse

Die pflanzliche Variante gibt es auf der Basis von Soja in verschiedenen Geschmacksrichtungen fix und fertig zu kaufen oder man stellt sie selbst her. Dafür mischt man abgetropftes Sojajoghurt (siehe *Statt Topfen*) mit etwas flüssiger Butter oder flüssigem Kokosfett und 1 Prise Salz oder kocht Sojamilch mit Zitronensaft auf. Die dabei entstandene geronnene Flüssigkeit lässt man anschließend in einem ausgelegten Sieb abtropfen, bevor man sie mit 1 Prise Salz und flüssigem Fett abrundet.

Statt Gelatine

Als veganes Pendant für die Zubereitung von Gelees, Cremes oder Mousse verwendet man Agar-Agar. Dieses wird aus der Rotalge gewonnen und muss, um die volle Gelierkraft zu erreichen, einige Minuten mit (einem Teil) der jeweiligen

Masse aufgekocht werden, die dann erst mit dem vollständigen Erkalten ganz fest wird. Agar-Agar macht Flüssigkeiten nur fest, aber nicht cremig, deshalb empfiehlt sich die Zugabe eines weiteren Verdickungsmittels wie z.B. Stärke. ⁞ 1 TL pulverisiertes Agar-Agar entspricht 6 Blättern Gelatine. Neben dem puren Pulver gibt es das Geliermittel für die benutzerfreundliche Anwendung auch als „Gelierfix" sowie in Flockenform. ⁞ Darüber hinaus fungieren auch Kartoffel-, Mais- und Tapiokastärke, Pfeilwurzel-, Johannisbrotkern-, Guarkern- und Reismehl sowie Pektin als Verdickungsmittel.

Statt Honig

Das Süßen von Backwaren ist ein weites und zum Teil heiß diskutiertes Feld. Die tierische Option Honig kann spielend durch eine große Auswahl an pflanzlichen Süßungsmitteln ersetzt werden. Da die Verwendung von raffiniertem weißen Zucker

ernährungsphysiologisch zahlreiche Probleme mit sich bringen kann, lohnt es sich durchaus, auch mal anders zu süßen. Von Rohrohrzucker über Ahorn-, Agaven- oder Reissirup bis hin zu Stevia, Kokosblütenzucker oder pürierten Trockenfrüchten ..., die Bandbreite ist enorm. Jedes Süßungsmittel hat aber seine Eigenheiten bezüglich Konsistenz und Geschmack, was sich natürlich auf das fertige Backwerk auswirkt (eine Übersicht dazu finden Sie auf www.bbbakery.at/suessungsmittel).

Statt Joghurt

Joghurt darf nur unter dieser Bezeichnung verkauft werden, wenn es sich um ein aus (tierischer) Milch gewonnenes Erzeugnis handelt. Deshalb wird die pflanzliche Alternative unter Kunstwörtern wie beispielsweise „Yofu" oder „Sojagurt" vertrieben. Inzwischen gibt es davon eine breite Auswahl, die auf der Basis von Soja und Joghurtkulturen hergestellt wird – sowohl in vielen fruchtigen Sorten, mit Vanille als auch in „natur". Manche Hersteller süßen selbst diese Geschmacksrichtung, für herzhafte Rezepte ist sie folglich nicht geeignet. Selbst gemachtes Joghurt entsteht durch die Impfung von Sojamilch mit Sojanaturjoghurt bzw. Joghurtkulturen und der anschließenden mehrstündigen Reifung. In anderen Ländern gibt es auch Joghurt auf Basis von Kokosnuss, Hafer oder Mandeln. Diese Produkte werden hierzulande derzeit aber nur in speziellen veganen Läden angeboten.

Statt Milch

Auch der Begriff „Milch" darf offiziell nur für Produkte tierischen Ursprungs verwendet werden, daher sind die pflanzlichen Alternativen in der Regel mit der Bezeichnung „Drink" erhältlich. Inzwischen gibt es davon eine sehr große Auswahl, die von ungesüßt über gesüßt bis hin zu aromatisiert reicht und je nach Hersteller immer ein wenig anders schmeckt. Sojamilch eignet sich durch ihren hohen Proteingehalt am besten für Gebäck. Darüber hinaus gibt es auch Soja-Reis-, Reis-, Reis-Kokos-, Reis-Mandel-, Dinkel-, Hafer-, Gersten-, Hirse- und Nussdrinks, die aufgrund ihrer natürlichen und milden Süße sehr gut für die süße Küche geeignet sind. Allerdings verhalten sie sich in Teigen bezüglich Geschmack und Textur unterschiedlich und es sind bei ihrem Einsatz gewisse Erfahrungswerte notwendig. Kokosmilch entsteht aus dem ausgedrückten Fruchtfleisch der Kokosnuss und verleiht durch den hohen Fettgehalt eine sehr sämige Konsistenz, bringt aber auch einen unverwechselbaren Geschmack mit sich, der nicht zu jedem Gebäck passt. Natürlich kann man Pflanzenmilch auch selbst herstellen, vor allem mit Mandeln oder Cashewkernen (mit Wasser im Verhältnis 1:4 oder 1:6 püriert und anschließend filtriert) funktioniert das ganz hervorragend. Wenn man Pudding mit Reis- oder Hafermilch kochen möchten, sollte man beachten, dass diese wässriger als Sojamilch ist bzw. deutlich weniger Eiweiß enthält und man mehr Stärke bzw. Verdickungsmittel benötigt, damit der Pudding richtig fest wird.

Statt Obers / Sahne

Wie bei Joghurt und Milch ist der Begriff Obers bzw. Sahne dem Produkt tierischen Ursprungs vorbehalten. Daher wird die pflanzliche Version unter dem Namen „Cuisine" oder „Creme" verkauft. Sie basiert auf Soja, Hafer, Mandel, Dinkel oder Reis. Jedes Produkt bringt einen anderen Geschmack und auch Fettgehalt sowie eine unterschiedliche Konsistenz mit sich. Selbst gemachter Cashew- oder Mandel-Rahm (Nüsse mit Wasser oder Orangensaft im

Verhältnis 1:1 oder 1:2 fein püriert) sind Alternativen zum gekauften Produkt. :: Sucht man nach einem pflanzlichen Pendant zu Schlagobers, das sich auch zum Füllen und Dekorieren eignet, so verringert sich die Auswahl deutlich und man muss auf die Bezeichnungen „aufschlagbar" oder „Schlagcreme" achten. Diese Cremes basieren auf Soja, Reis oder Kokos, sind zum Großteil bereits gesüßt und haben, je nach Sorte, einen deutlichen Eigengeschmack. Damit sie wirklich fest werden und bleiben, empfiehlt sich die Zugabe von Sahnesteif oder Johannisbrotkernmehl. Möchte man sie zum Dekorieren verwenden, sollten sie nach dem Aufschlagen mindestens 1 Stunde gekühlt werden. Aufschlagbare Sojasahne erreicht nicht die gleiche Festigkeit und Stabilität wie Schlagcreme und erfordert beim Aufschlagen etwas mehr Geduld (das Rührgerät oder die Küchenmaschine auf höchster Stufe so lange laufen lassen, bis sich das Volumen der Sahne deutlich vergrößert hat). Reine Kokosmilch lässt sich aufschlagen, wenn man sie mehrere Stunden im Kühlschrank lagert, anschließend die Flüssigkeit abgießt und die feste Masse mit dem Rührgerät luftig aufschlägt (je nach Geschmack mit 2–3 EL Staubzucker süßen).

Statt Sauerrahm

Dieses Produkt ist entweder auf Basis von Soja in fertiger Form im Handel erhältlich oder es lässt ich selbst herstellen, indem man 150 g Sojajoghurt mit 2 EL Öl und 1 EL Zitronensaft vermischt.

Statt Schokolade

Schokolade gibt es in einer Vielzahl von Sorten, Qualitäten, Formen und Geschmacksrichtungen. Zartbitterschokolade ist meist vegan (Vorsicht: manchen Sorten ist Molkepulver und/oder Butterreinfett zugesetzt), Milch- und weiße Schokolade gibt es in rein pflanzlicher Form auf Basis von Soja- oder Reismilch. Gleiches gilt für Kuvertüre, die sich, durch ihren höheren Fettanteil, ganz besonders zum Glasieren eignet. :: Auch Nougat wird in einer

großen Bandbreite hinsichtlich Geschmacksrichtung und Konsistenz angeboten. Die klassische Variante, die auch zum Backen verwendet wird, besteht aus den Hauptzutaten Haselnüsse, Schokolade und Zucker. Ist man auf der Suche nach einem veganen Produkt, muss man darauf achten, dass die Rezeptur kein Milchpulver enthält oder Nougat aus Nussmusen und geschmolzener Schokolade selbst herstellen.

Statt Topfen

Dieses beim Backen beliebte Milchprodukt lässt sich auf mehrere Arten ersetzen:
:: Lässt man Sojajoghurt in einem ausgelegten, engmaschigen Sieb oder einem Kaffeefilter mehrere Stunden abtropfen, erhält man eine Masse mit perfekter Konsistenz – diese kann, ganz ohne Zusätze, wie Topfen weiterverarbeitet werden.
:: Natur- oder Seidentofu, fein püriert
:: Cashew- oder Macadamianüsse sowie Mandeln sind eine hervorragende Basis für Topfen. Man weicht sie über mehrere Stunden in Wasser ein und püriert sie anschließend mit Natur- oder Seidentofu.

So gelingt veganes Gebäck

Neben ganz viel Leidenschaft ist veganes Backen für mich auch eine Kombination aus Chemie, Mathematik und Organisationsmanagement, denn schließlich ergibt erst die Reaktion zwischen bestimmten Zutaten im richtig aufeinander abgestimmten Mengenverhältnis perfekten Kuchen. In einigen Punkten sollte man also gewisse Grundregeln beachten, um gute Ergebnisse zu erzielen.

Gut gerüstet sein mit der passenden Ausrüstung

Bei vielen Rezepten reicht eine Küchen-Grundausstattung, um am Ende ein schönes Backwerk vor sich stehen zu haben: Rührschüsseln, Löffel, Schneebesen, Teigschaber, Backpinsel sowie natürlich Backform bzw. -blech. Wer gerne und vielfältig bäckt, wird sich schnell auch Hilfsmittel wie Nudelholz, Teigkarte, Teigrädchen, Spritzbeutel und Ausstecher zulegen und dann Stück für Stück merken, dass spezielles Zubehör wie große und kleine (Winkel-)Paletten sowie ein Thermometer für das richtige Temperieren von Schokolade das Leben wirklich erleichtert. Und je mehr man selbst herstellen möchte, umso mehr Ausrüstung ist erforderlich. Das kann, je nach Interessensschwerpunkt, ein Blitzhacker, ein starker Mixer oder eine Getreidemühle sein. Kurz gesagt: Erst mit gutem und richtigem Handwerkszeug macht Backen wirklich Freude.

Präzise sein

Während Kochen eine recht große Flexibilität erlaubt, erfordert Backen weitaus mehr Präzision. Deshalb sind Messbecher oder Küchenwaage für die genaue Dosierung der Zutaten unerlässlich, wenn man keine (bösen) Überraschungen erleben möchte.

Jeder Ofen ist anders

Bevor man so richtig in die Bäckerei einsteigt, sollte man sich mit seinem Backofen vertraut machen. Nicht immer stimmt die wahre Temperatur mit dem Stellknopf überein, was dazu führt, dass man den Ofen höher oder niedriger einstellen muss als in Rezepten angegeben oder die Backzeiten entsprechend anpassen muss. Wer unsicher ist, kauft sich am besten ein Ofenthermometer.

Vorbereitung ist alles

Das Rezept genau lesen, Hilfsmittel sowie Zutaten bereitstellen, diese abwiegen und gegebenenfalls auf Zimmertemperatur bringen, Obst schneiden, Nüsse hacken oder mahlen, Backofen bei Bedarf vorheizen ... Bevor es an das Mischen und Backen des Teigs geht, sind etliche Schritte zu tun und je besser diese im Vorhinein erledigt sind, umso angenehmer und zügiger ist der gesamte Herstellungsprozess.

Zügig arbeiten

Bei den meisten Rezepten werden feuchte und trockene Zutaten zuerst separat vermischt und erst etwas später miteinander verrührt. Danach muss der Teig rasch in die Backform gefüllt und sofort gebacken werden. Ausnahme bilden Backwerke aus Mürb-, Germ- oder Strudelteig, die direkt nach der Zubereitung erst einmal Ruhe brauchen.

Weniger ist mehr

Wenn Rühr- oder Biskuitteig zu stark gemixt wird, kann das dazu führen, dass er beim Backen nicht aufgeht und streng wird. Deshalb immer nur so lange rühren, bis sich die feuchten und trockenen Bestandteile miteinander verbunden haben. Kleine Klümpchen im Teig sind kein Problem.

Der beste Test

Der sicherste Test dafür, ob der Kuchen fertig gebacken ist, erfolgt mittels Stäbchenprobe. Dabei sticht man mit einem Holzstäbchen in die dickste Stelle des Backwerks. Das Stäbchen sollte trocken und ohne Teigreste sein. Brote und Semmeln sind dann fertig, wenn sie eine gold-braune Färbung haben und hohl klingen, wenn man darauf klopft. Kekse sollten dann aus dem Ofen geholt werden, wenn sie am Rand leicht gebräunt sind. Die meisten Sorten sind aber direkt nach dem Backen noch sehr weich und fragil und werden erst nach einigen Minuten des Abkühlens richtig fest.

Gut Ding will Weile haben

Abgesehen von Mehlspeisen, die vom Backofen direkt auf den Tisch gebracht und warm gegessen werden, sollte man sich mit noch warmem Gebäck in Geduld üben. So verlieren beispielsweise heiße Cookies erst beim Abkühlen ihre Zerbrechlichkeit und Topfenmasse ist frühestens nach mehreren Stunden schnittfest. Damit Cremes oder Toppings nicht verlaufen, sollte das Gebäck fürs Füllen oder Dekorieren komplett ausgekühlt sein.

Selbst ist die Frau/der Mann

Vor allem für die klassischen Zutaten der konventionellen Bäckerei, wie Eier oder Milchprodukte, bietet der Markt inzwischen eine Vielzahl von veganen Ersatzprodukten, die von Eiersatzpulvern bis hin zu Frischkäse reichen. Diese rein pflanzlichen Pendants sind oftmals teurer, von nur einem oder

wenigen Herstellern verfügbar oder schwer zu beziehen. Bis auf wenige Ausnahmen, und dazu gehört beispielsweise Schlagcreme für das Herstellen von Sahnetorten, ist man aber beim veganen Backen auf sämtliche Fertigprodukte nicht angewiesen. Denn für alles, was es nicht oder nur schwierig zu kaufen gibt, gilt: ausweichen bzw. selbst herstellen! (Siehe Kapitel *Mit diesen Zutaten zaubert man veganes Backwerk*.) Dies betrifft auch den Feinschliff der süßen Kreationen, wie Schoko-Ornamente oder Streudekor, weil sich in Back-Verfeinerungen häufig nicht-vegane Inhaltsstoffe verstecken und gerade Farbstoffe oder Überzugsmittel tierischen Ursprungs sind. Mit entsprechenden Werkzeugen und Formen kann man leicht selbst kreativ werden und Dinge erschaffen, die das Backwerk wirklich einzigartig machen. Darüber hinaus empfiehlt es sich, beim Dekor auf natürliche Zutaten wie Nüsse, Früchte oder essbare Blüten zurückzugreifen, die deutlicher weniger Handgriffe benötigen, aber trotzdem nicht weniger effektvoll aussehen. :: (Eine Übersicht über vegane Marken und Bezugsquellen von Schokolade, Zuckerstreuseln und Co finden Sie auf www.bbbakery.at/dekorieren)

Genuss bewahren

Der Großteil der Leckereien schmeckt frisch zubereitet am besten. Möchte man sie aber doch zu einem späteren Zeitpunkt genießen, sollten sie – je nach Feuchtigkeitsgehalt – entsprechend (lange bzw. kurz) aufbewahrt werden: Trockene Kekse bleiben in gut verschließbaren Dosen einige Wochen frisch und knusprig. Kuchen und Muffins aus Rührteig halten sich in einer Box oder unter einer Abdeckhaube 3–4 Tage und Sahne- bzw. Cremetorten sollten gut abgedeckt in den Kühlschrank gestellt und innerhalb von 2–3 Tagen aufgegessen werden.

Noch ein paar Hinweise zu den Rezeptangaben:

- ⁞ Alle Backwaren werden mit statischer Hitze (Ober-/Unterhitze) und auf mittlerer Schiene des Backofens gebacken.
- ⁞ Folgende Abkürzungen werden verwendet: TL = Teelöffel, EL = Esslöffel, Msp. = Messerspitze, g = Gramm, ml = Milliliter, Pkg. = Päckchen
- ⁞ Es findet sich bei jedem Rezept ein Hinweis auf die Art und Größe der Backformen bzw. -bleche, für die die angegebenen Mengen ausgelegt sind. Natürlich kann man davon abweichen, denn Kuchen schmeckt auch eckig statt rund oder groß statt klein – man muss lediglich die Zutatenmengen erhöhen bzw. verringern (siehe Umrechnungstabellen S. 115) und ggf. die Backzeiten anpassen.
- ⁞ Die Bezeichnungen „Butter", „Milch", „Sahne", „Topfen", „Obers" und „Joghurt" beziehen sich immer auf die rein pflanzlichen Varianten.
- ⁞ Je nach Marke oder Hersteller kann es bei den verwendeten Produkten (v.a. bei Sahne, Milch, Joghurt, Nussmuse etc.) Unterschiede bzgl. Geschmack und Konsistenz geben, was auch leichte Mengenänderungen mit sich bringen kann.

⁞ Bei den meisten Rezepten ziehe ich Dinkel- dem Weizenmehl vor, weil ich es aromatischer finde und es aus ernährungsphysiologischen Gesichtspunkten wertvoller ist. Verwendet man die gleiche Type bzw. den gleichen Ausmahlungsgrad (siehe Glossar „Mehl"), kann man Dinkel aber 1:1 gegen Weizen tauschen. Wer gerne mit Vollkornmehl bäckt, sollte beachten, dass dabei die Flüssigkeitsmenge im Teig erhöht werden muss. Zudem macht es den Teig dichter und schwerer und verleiht einen nussigen Geschmack, was nicht bei jedem Gebäck erwünscht ist. In den meisten Fällen kann man es aber problemlos beimischen: So hebt man mit bis zu 15 % an der Gesamtmehlmenge den Eiweiß- und Mineralstoffgehalt des Gebäcks an und verleiht ihm gleichzeitig etwas mehr Biss – ohne maßgebliche Änderungen in Textur oder Geschmack.

* WEITERE HINWEISE ZU VERWENDETEN PRODUKTEN FINDEN SIE IM GLOSSAR AB S. 112.

Rezepte

Variante

Die Tartelettes können auch glutenfrei gebacken werden. Hierfür erhöht man einfach die Menge an Mandeln um 50 g und lässt das Dinkelmehl weg. Allerdings ist Buchweizen alleine nicht backfähig und es ist die Zugabe eines Bindemittels erforderlich. Hierfür eignet sich z.B. ein gestrichener EL Pfeilwurzelmehl. Für den Belag ersetzt man die Hafersahne durch Soja- oder Reissahne.

Wenn ich nach der langen winterlichen „Beerenpause" die ersten frischen heimischen Erdbeeren vor mir habe, gibt es kein Halten mehr – ob pur, mit Joghurt oder in Verbindung mit feinem Gebäck. Ganz besonders gut harmonieren die süßen Früchtchen mit Vanille und Orange und wenn dann noch die nussige Komponente des Buchweizens dazukommt, ist mein Glück einfach perfekt.

Erdbeer-Buchweizen-Tartelettes
MIT VANILLECREME UND ORANGENGUSS

FÜR TARTELETTESFÖRMCHEN MIT 10 CM ⌀
ERGIBT: 10 STÜCK

FÜR DEN BUCHWEIZEN-MANDEL-RÜHRTEIG
100 g Mandeln
150 g Buchweizenmehl
50 g Dinkelmehl (Type 700)
2 1/2 TL Weinsteinbackpulver
110 g Rohrohrzucker
1 TL Vanillezucker
1 Prise Salz
60 g Sonnenblumen- oder Rapsöl
250 ml prickelndes Mineralwasser

FÜR DEN BELAG
250 g frische Erdbeeren
125 ml Hafersahne
125 ml Sojamilch
1/2 Pkg. Vanillepuddingpulver
2 EL Rohrohrzucker
250 ml Orangensaft
1 Pkg. klarer Tortenguss

FÜR DIE DEKORATION
frische Minzeblätter

Variante
Natürlich lassen sich die Beeren, je nach Saison und Geschmack, variieren. Falls Sie Steinobst verwenden möchten, sollte dieses vorher gedünstet werden, da es als Belag sonst zu fest ist.

FÜR DEN BUCHWEIZEN-MANDEL-RÜHRTEIG
Die Mandeln im Blitzhacker fein vermahlen. Anschließend mit den beiden Mehlen sowie Backpulver, Zucker, Vanillezucker und Salz vermischen. :: In einer separaten Schüssel das Öl mit dem Mineralwasser vermengen und anschließend mit den trockenen Zutaten vermischen. Dabei die Masse nur so lange rühren, bis sich die trockenen und flüssigen Zutaten miteinander verbunden haben. Dann den Teig zügig in die gefetteten Tartelettesförmchen füllen und im vorgeheizten Backofen bei 170 °C 20–22 Minuten backen. Die Törtchen anschließend etwas abkühlen lassen, auf ein Kuchengitter stürzen und komplett erkalten lassen.

FÜR DEN BELAG
Während die Törtchen im Backofen sind, kann der Belag vorbereitet werden. Hierfür die Erdbeeren waschen, putzen und klein schneiden. :: Die Hafersahne und die Sojamilch in einem Topf vermischen, von der Flüssigkeit 4 EL abnehmen und das Puddingpulver sowie den Zucker darin auflösen. Die restliche Sahne-Milch-Mischung zum Kochen bringen, das angerührte Puddingpulver einrühren und unter Rühren kochen lassen, bis eine dicke Masse entsteht. Kurz überkühlen lassen, anschließend ca. je 1 EL auf die ausgekühlten Tartelettesböden geben und verstreichen. Mit Erdbeeren belegen. :: Aus dem Orangensaft und dem Tortengusspulver gemäß Packungsanleitung einen Guss herstellen und diesen vorsichtig auf den Tartelettes verteilen. Den Tortenguss komplett auskühlen, fest werden lassen und mit frischen Minzeblättern dekorieren.

Es gibt Teige, die gehen einem locker von der Hand, andere wiederum versucht man beim Backen lieber elegant zu umschiffen. So ging es mir lange Zeit mit Mürbteig – ich mied ihn, wo ich nur konnte. Da er sich aber perfekt für gefüllte Tartelettes eignet, ging ich auf die Suche nach einer Alternative. Dabei herausgekommen ist ein Knetteig, der zwar etwas weniger knusprig ist, aber viele feine Vorzüge in sich vereint: weniger fett, elastisch und kinderleicht in der Verarbeitung sowie ganz zart im Geschmack.

Pfirsich-Marzipan-Tartelettes

FÜR DEN KNETTEIG
325 g Dinkelmehl (Type 700)
2 TL Weinsteinbackpulver
1 TL Vanille, gemahlen
50 g Rohrohrzucker
50 ml Wasser
50 ml Sojamilch
100 g kalte Margarine

FÜR DIE MARZIPAN-VANILLE-FÜLLUNG
1 Pkg. Vanillepuddingpulver
400 ml Sojamilch
75 g Marzipan
4 mittelgroße Pfirsiche

FÜR DIE DEKORATION
2–3 EL Mandelblättchen

Die Pfirsiche waschen, entsteinen, schälen und in dünne Streifen schneiden.

FÜR DEN KNETTEIG
Das Mehl mit dem Backpulver fein sieben, Vanille und Zucker zugeben und alles miteinander vermengen. Wasser und Sojamilch hinzufügen und zu einem dicken Brei verarbeiten. Die kalte Margarine in kleinen Würfeln darübergeben und so lange kneten, bis ein glatter Teig entstanden ist, der nicht mehr klebt. In 8 Portionen teilen, diese auf einer bemehlten Arbeitsfläche dünn ausrollen und die gefetteten Tartelettesförmchen damit auslegen.

FÜR DIE MARZIPAN-VANILLE-FÜLLUNG
Das Puddingpulver mit 3–4 EL Sojamilch glattrühren. Das Marzipan in kleine Stücke teilen und zusammen mit der restlichen Sojamilch langsam erwärmen, dabei stetig mit einem Schneebesen rühren, damit sich das Marzipan komplett auflöst. Das Gemisch zum Kochen bringen, die Sojamilch-Pudding-Mischung einrühren und nochmals köcheln lassen, bis die Masse eindickt. Anschließend beiseite stellen und unter Rühren etwas abkühlen lassen. ⁚ Jedes Förmchen mit ca. 2 EL der Marzipan-Vanille-Masse füllen und glattstreichen. Die Törtchen mit den Pfirsichstreifen belegen und mit den Mandelblättchen bestreuen. ⁚ Im vorgeheizten Backofen bei 170 °C ca. 25 Minuten backen, bis die Tartelettes eine goldene Farbe bekommen haben. ⁚ Die Tartelettes etwas abkühlen lassen, dann aus den Förmchen lösen und auf einem Kuchengitter komplett erkalten lassen.

TIPP

Dazu schmeckt selbst gemachte Mandelsahne. Dafür 50 g blanchierte Mandeln in 50 ml Wasser über Nacht einweichen und anschließend ganz fein pürieren. Sollte die Masse zu dick sein, fügen Sie zusätzlich 10–20 ml Wasser hinzu. Nach Belieben mit Vanille und Agavendicksaft abschmecken.

Mango-Pecan-Cupcakes
MIT MANGO-SAHNE-CREME

FÜR 1 MUFFINFORM PLUS PAPIERFÖRMCHEN
ERGIBT: 12 STÜCK

FÜR DEN RÜHRTEIG

100 g Pecannüsse
120 g Mangofruchtfleisch
280 g Dinkelmehl (Type 700)
160 g Rohrohrzucker
40 g Maisstärke
2 TL Weinsteinbackpulver
1 TL Natron
1 TL Vanille, gemahlen
1 Prise Salz
70 ml Wasser
60 g Sonnenblumen- oder Rapsöl

FÜR DIE MANGO-SAHNE-CREME

300 g Mangofruchtfleisch
1 Pkg. Vanillepuddingpulver
1–2 EL Rohrohrzucker
1 TL Agar-Agar
250 g aufschlagbare Sojasahne
1–2 TL Johannisbrotkernmehl

FÜR DIE DEKORATION

Mangosoße oder das pürierte
Fruchtfleisch von 1/4 Mango
Pecannüsse, geteilt oder gehackt

FÜR DEN RÜHRTEIG

Die Pecannüsse fein hacken. Das Mangofruchtfleisch fein pürieren. In einer Schüssel Mehl, Zucker, Stärke, Backpulver, Natron, Vanille und Salz vermengen. Die Pecannüsse untermengen, so dass sie komplett mit Mehl überzogen sind. ⁚ Mangopüree, Wasser und Öl miteinander vermischen. Die feuchten und trockenen Zutaten vermischen, bis ein homogener Teig entstanden ist. ⁚ In die Vertiefungen des Muffinblechs die Papierförmchen setzen und den Teig gleichmäßig verteilen. Im vorgeheizten Backofen bei 175 °C 18–22 Minuten backen, auf ein Kuchengitter stellen und vollständig abkühlen lassen.

FÜR DIE MANGO-SAHNE-CREME

Das Mangofruchtfleisch fein pürieren. ⁚ Das Puddingpulver mit Zucker und Agar-Agar in 3–4 EL Mangopüree glattrühren. Das restliche Püree aufkochen, das Pudding-Zucker-Gemisch einrühren und so lange köcheln lassen, bis die Masse eindickt. Hierbei gut rühren, damit keine Klümpchen entstehen. Vom Herd nehmen und abkühlen lassen, dabei immer wieder durchrühren. ⁚ In der Zwischenzeit die Sojasahne aufschlagen. Dann den Mangopudding bei laufendem Rührgerät esslöffelweise zur Sahne geben. Wenn sich die beiden Massen miteinander verbunden haben, das Johannisbrotkernmehl mit Hilfe eines kleinen Siebs hinzufügen und gut einrühren. Die Mango-Sahne-Creme im Kühlschrank komplett fest werden lassen. ⁚ Anschließend in einen Dressiersack füllen und die Cupcakes damit dekorieren. ⁚ Mit Mangosoße und Pecannüssen dekorieren.

Variante

Statt Pecannüssen
schmecken auch
Mandeln oder
Macadamianüsse.

Wenn ich eine Frucht einbürgern und damit heimisch machen könnte, dann würde ich die Mango wählen. Richtig gereift geht für mich kaum etwas über den Geschmack ihres saftig-süßen Fruchtfleisches. Aber da Mangos bis in unsere Breiten einen weiten Reiseweg haben, lässt die Qualität der Früchte hierzulande oft zu wünschen übrig. Aber wenn ich auf schöne Exemplare stoße, dann nutze ich gerne die Gunst der Stunde und mache diese Cupcakes, in deren Teig und Topping frische Mangos stecken. Ersatzweise funktioniert das Gebäck auch mit Mangosaft, aber dasselbe ist es natürlich nicht.

Heidelbeeren, Orange und weiße Schokolade sind ein sehr verführerisches Trio. Für dieses Rezept vereine und trenne ich es zugleich – aber nur auf die Entfernung eines Toppings. Und dieses ist wahrlich die Krönung der beerigen Cupcakes. Durch die Süße der weißen Schokolade bedarf es keiner weiteren Zuckerzugabe, dafür aber einiger „Helferlein", damit die Mousse auch spritzfähig wird und letztlich ihre schöne Form behält. Und wenn davon ein Rest übrig bleibt, dann gibt es gleich noch ein verführerisches Dessert, das man mit Früchten oder dunkler Schoko-Mousse verbinden kann.

Heidelbeer-Cupcakes
MIT WEISSEM SCHOKO-MOUSSE-TOPPING

FÜR 1 MUFFINFORM PLUS PAPIERFÖRMCHEN
ERGIBT: 12 STÜCK

FÜR DEN RÜHRTEIG

150 g Heidelbeeren
225 g Dinkelmehl (Type 700)
30 g Maisstärke
2 TL Weinsteinbackpulver
1/2 TL Natron
130 g Rohrohrzucker
1 TL Vanille, gemahlen
1 Prise Salz
Schale von 1/2 Orange
60 g Sonnenblumen- oder Rapsöl
90 g Sojajoghurt (natur)
180 ml Sojamilch

FÜR DAS SCHOKO-MOUSSE-TOPPING

200 g weiße Reismilchschokolade
250 g Schlagcreme
130 g Seidentofu
60 ml Sojamilch
1 TL Agar-Agar
1–2 TL Johannisbrotkernmehl

FÜR DIE DEKORATION

Heidelbeeren

FÜR DEN RÜHRTEIG

Heidelbeeren verlesen und waschen. ⁞ Mehl, Stärke, Backpulver, Natron, Zucker, Vanille, Salz und Orangenschale in einer Schüssel miteinander vermischen. ⁞ Öl, Sojajoghurt und Sojamilch separat verrühren, anschließend zu den trockenen Zutaten geben und so lange vermengen, bis ein homogener Teig entstanden ist. Abschließend vorsichtig die Heidelbeeren unterheben. ⁞ In die Vertiefungen des Muffinblechs die Papierförmchen setzen und den Teig gleichmäßig verteilen. Im vorgeheizten Backofen bei 175 °C 22–25 Minuten backen, anschließend auf ein Kuchengitter stellen und vollständig abkühlen lassen.

FÜR DAS SCHOKO-MOUSSE-TOPPING

Die Schokolade in kleine Stücke brechen und in einer Schüssel über dem heißen Wasserbad langsam schmelzen lassen. Hierbei sollte man sich Zeit nehmen, da weiße Schokolade bei zu hohen Temperaturen schnell klumpt. ⁞ In der Zwischenzeit die Schlagcreme aufschlagen und den Seidentofu cremig rühren. Die Schokolade mit der Schlagcreme verrühren und den Seidentofu hinzufügen, bis eine glatte Masse entsteht – dabei stetig kräftig rühren. ⁞ Die Sojamilch zusammen mit dem Agar-Agar in einem kleinen Topf erhitzen und 1–2 Minuten köcheln lassen, dabei mit einem Schneebesen gut rühren, damit sich keine Klümpchen bilden. Anschließend sehr zügig unter die Schoko-Sahne-Masse rühren. ⁞ Das Johannisbrotkernmehl mit Hilfe eines kleinen Siebs über die Masse sieben und unterrühren. ⁞ Die Mousse mehrere Stunden in den Kühlschrank stellen, bis sie fest ist. Dann in einen Dressiersack füllen und auf die ausgekühlten Cupcakes spritzen. ⁞ Mit Heidelbeeren dekorieren.

Mandel-Mandarinen-Gugelhupfe

FÜR 1 MINI-GUGELHUPF-BACKFORM
ERGIBT: 8 STÜCK

FÜR DEN MANDELRÜHRTEIG

30 g Mandeln
2–3 Mandarinen
120 g Dinkelmehl (Type 700)
1 1/2 TL Weinsteinbackpulver
40 g Rohrohrzucker
1/2 TL Vanille, gemahlen
1 Prise Salz
60 g Marzipan
100 ml Wasser
30 g Öl
100 g veganer Sauerrahm

FÜR DIE DEKORATION

Rohrohrstaubzucker

Die Mandeln im Blitzhacker fein hacken. Die Mandarinen schälen, die weißen Fäden entfernen und in feine Stückchen schneiden. Mehl mit Backpulver, Zucker, Vanille, Salz und Mandeln vermischen. ⁞ Das Marzipan in kleine Stücke teilen und in einer separaten Schüssel zusammen mit dem Wasser und Öl zu einer cremigen Masse mixen. Anschließend den Sauerrahm unterrühren. Diese Masse mit den trockenen Zutaten vermischen, bis ein homogener Teig entstanden ist. ⁞ Die Mandarinen vorsichtig unterheben und den Teig in die gefetteten Vertiefungen der Mini-Gugelhupf-Backform füllen. ⁞ Im vorgeheizten Backofen bei 175 °C 22–25 Minuten backen, in der Form abkühlen lassen. Anschließend vorsichtig herauslösen und auf einem Kuchengitter komplett erkalten lassen. ⁞ Mit Staubzucker dekorieren.

Bei so manchen veganen Fertigprodukten

scheiden sich die Geister über Sinn und Nutzen und es ist klar, dass man auch beim Backen getrost auf sie verzichten könnte. Manchmal werde ich aber doch neugierig und möchte es einfach wissen. So geschehen bei diesen kleinen Kuchen, in die ich eine fertige Sauerrahmalternative in den Teig gemischt habe. Das Ergebnis hat mich mehr als begeistert. Alternativ zur Alternative kann man auch Sojajoghurt mit etwas Öl und Zitronensaft mischen und auf die gleiche Weise zum Einsatz bringen.

Schoko-Nougat-Gugelhupfe

FÜR 1 MINI-GUGELHUPF-BACKFORM
ERGIBT: 12 STÜCK

FÜR DEN SCHOKORÜHRTEIG

100 g dunkle Nougatschokolade
240 g Dinkelmehl (Type 700)
2 1/2 TL Weinsteinbackpulver
30 g Kakao
100 g Rohrohrzucker
1 Prise Salz
150 g Seidentofu
1 EL Karamellsirup
60 g Sonnenblumen- oder Rapsöl
150 ml Wasser

FÜR DIE DEKORATION

2–3 EL Marillenmarmelade
150 g Zartbitterschokolade-
oder -kuvertüre
Streudekor nach Wahl

FÜR DEN SCHOKORÜHRTEIG

Die Nougatschokolade in kleine Stücke brechen und in einer Schüssel über dem heißen Wasserbad schmelzen lassen. ⁞ Mehl mit Backpulver und Kakao in eine Schüssel sieben, Zucker und Salz zugeben und alle Zutaten gut miteinander vermischen. ⁞ In einer separaten Schüssel Seidentofu mit Karamellsirup, Öl und Wasser zu einer glatten Masse verrühren. ⁞ Diese anschließend unter die Mehl-Zucker-Mischung rühren, bis ein glatter Teig entstanden ist. ⁞ Die flüssige Nougatschokolade unterrühren, bis keine Schlieren mehr sichtbar sind. ⁞ Den Teig in die gefettete Backform füllen und im vorgeheizten Backofen bei 170 °C 22–25 Minuten backen. Die kleinen Kuchen in der Form fast vollständig auskühlen lassen, da sie sonst sehr leicht zerbrechen. Dann auf ein Kuchengitter setzen und komplett erkalten lassen.

FÜR DIE DEKORATION

Die Marillenmarmelade leicht erwärmen, glattrühren und die Gugelhupfe damit bestreichen. ⁞ Die Kuvertüre in einer Schüssel über dem heißen Wasserbad vorsichtig schmelzen, temperieren und die kleinen Kuchen damit überziehen. Anschließend nach Lust und Laune dekorieren und vollständig erkalten lassen, bis die Schokolade fest geworden ist.

Schokoladenkuchen ist einfach ein Klassiker und es gibt unendlich viele Rezepte. Ich mag es sehr, wenn er so richtig intensiv schokoladig schmeckt und das erreicht man – neben der Zugabe von Kakao – durch flüssige Schokolade, die man unter den Teig rührt. Zartbitter eignet sich natürlich hervorragend, aber noch viel raffinierter finde ich dunkle Nougatschokolade. Und wer sich jetzt fragt, was der Tofu im Kuchen zu suchen hat, dem kann ich sagen, dass er dafür sorgt, dass die kleinen Gugelhupfe richtig schön saftig schmecken.

So sehr ich aufwändiges Experimentieren auch mag, es geht doch kaum etwas über einfache Standard-rezepte mit Geling-Garantie, die man ebenso leicht noch beliebig aufpeppen kann. Zu diesen Basics zähle ich diese Muffins: Ich verleihe ihnen durch die Zugabe von Vanillepudding und Fruchtmark den besonderen Kick, genauso gut könnte man aber auch Beeren, Nüsse oder Schokosplitter unter den Teig mischen. Immer wieder anders, immer wieder gut.

Vanille-Holler-Muffins

FÜR 1 MUFFINFORM PLUS PAPIERFÖRMCHEN
ERGIBT: 8 STÜCK

FÜR DIE VANILLE-HOLLER-FÜLLUNG

250 g Holler
50 g Rohrohrzucker
125 g Vanillepudding*

FÜR DEN RÜHRTEIG

150 g Dinkelmehl (Type 700)
1 EL Maisstärke
1 1/2 TL Weinsteinbackpulver
60 g Rohrohrzucker
1/2 TL Vanille, gemahlen
1 Prise Salz
160 ml Soja- oder Hafermilch
30 g Sonnenblumen- oder Rapsöl

FÜR DIE DEKORATION

2–3 EL Mandelblättchen

FÜR DIE VANILLE-HOLLER-FÜLLUNG

Für das Holler-Fruchtmark die Früchte in einen Topf geben und, je nach Süße der Früchte, mit dem Zucker aufkochen lassen. Anschließend die Temperatur zurückdrehen und die Masse 10–15 Minuten sanft köcheln lassen, bis ein Fruchtbrei entstanden ist. Diesen abkühlen lassen.

FÜR DEN RÜHRTEIG

Mehl mit Stärke, Backpulver, Zucker, Vanille und Salz vermischen. In einer separaten Schüssel die Getreidemilch mit Öl vermengen und die trockenen mit den feuchten Zutaten so lange verrühren, bis ein homogener Teig entstanden ist. In die Vertiefungen des Muffinblechs die Papierförmchen setzen. Anschließend jeweils 1 EL Teig einfüllen und darauf je 1 TL Vanillepudding und Hollermark geben. Diesen Vorgang mit Teig sowie Vanillepudding und Hollermark wiederholen. Dann ein Stäbchen oder den schmalen Griff eines Löffels spiralförmig durch jede Vertiefung ziehen und so die Massen miteinander versprudeln. Mit Mandelblättchen bestreuen und im vorgeheizten Backofen bei 180 °C 18–22 Minuten backen. Die Muffins nach dem Backen auf ein Kuchengitter stellen und vollständig abkühlen lassen.

> * Den Pudding aus 125 ml Sojamilch sowie 10 g Vanillepuddingpulver und 1 EL Rohrohrzucker gemäß Packungsanleitung herstellen – selbstverständlich kann auch fertig gekaufter Pudding verwendet werden.

Variante

Statt Holler schmecken auch Erd-, Him- oder Brombeeren köstlich. Dafür die Beeren nach dem gleichen Prinzip zu einem Fruchtbrei einkochen und mit dem Muffinteig versprudeln.

Carob-Cranberry-Cashew-Muffins

FÜR 1 MUFFINFORM PLUS PAPIERFÖRMCHEN
ERGIBT: 12 STÜCK

FÜR DEN RÜHRTEIG

300 ml Orangensaft
60 g Sonnenblumen- oder Rapsöl
120 g Rohrohrzucker
1 Prise Salz
100 g getrocknete Cranberries
100 g Cashewkerne
240 g Dinkelmehl (Type 700)
2 TL Weinsteinbackpulver
50 g Carobpulver

FÜR DIE DEKORATION

temperierte Zartbitterschokolade
oder -kuvertüre
Cashewkerne, gehackt

Orangensaft, Öl, Zucker und Salz vermischen und beiseite stellen. Cranberries und Cashewkerne grob hacken. :: In einer separaten Schüssel Mehl, Weinsteinpulver und Carob mischen, die gehackten Cranberries und Cashewkerne unterrühren, so dass sie komplett mit Mehl überzogen sind. :: Die feuchten und trockenen Zutaten vermengen und dabei nur so lange rühren, bis sich diese miteinander verbunden haben. :: In die Vertiefungen des Muffinblechs die Papierförmchen setzen, anschließend den Teig einfüllen und im vorgeheizten Backofen bei 175 °C 18–22 Minuten backen. Die Muffins nach dem Backen auf ein Kuchengitter stellen und vollständig abkühlen lassen. :: Abschließend nach Lust und Laune mit geschmolzener Schokolade bestreichen und gehackten Cashewkernen dekorieren.

TIPP Es gibt im Handel auch Carobschokolade – diese kann zwar klein gehackt unter den Teig gemengt werden, eignet sich aber nicht zum Schmelzen und Glasieren.

Carob wird häufig als Kakao-Ersatz tituliert, aber bereits beim ersten Probieren konnte ich diese Bezeichnung gar nicht verstehen und der ganz eigene Geschmack hat mich sofort begeistert. Außerdem hat die Frucht des Johannesbrotbaums so einiges zu bieten: Carob enthält nur etwa ein Prozent Fett, viele Ballaststoffe, Kalium, Kalzium und B-Vitamine. Was mir an Carob zudem gefällt, ist die Tatsache, dass Johannesbrotbäume im gesamten Mittelmeerraum wachsen und das Endprodukt Carob deshalb nicht annähernd so weit gereist ist wie Kakao.

Rhabarber-Cashew-Schnecken

FÜR 1 BACKBLECH
ERGIBT: 20 STÜCK

400 g Rhabarber
1–2 EL Agavendicksaft

FÜR DIE CASHEW-DATTEL-BANANEN-FÜLLUNG

100 g Cashewkerne
40 g Datteln
100 ml Wasser
1 kleine Banane
1/2 TL Vanille, gemahlen
1 Prise Zimt

FÜR DEN TOPFEN-ÖL-TEIG

150 g Naturtofu
100 ml Soja- oder Hafermilch
40 g Sonnenblumen- oder Rapsöl
40 g Agavendicksaft
300 g Dinkelmehl (Type 700)
2 gehäufte TL Weinsteinbackpulver
1 TL Vanille, gemahlen
1 Prise Salz

FÜR DIE DEKORATION

Rohrohrstaubzucker

Den Rhabarber schälen, in kleine Würfel schneiden, mit dem Agavendicksaft vermischen und ziehen lassen.

FÜR DIE CASHEW-DATTEL-BANANEN-FÜLLUNG

Die Cashewkerne und Datteln für mindestens 30 Minuten in Wasser einweichen. Anschließend mit dem Stabmixer fein pürieren. :: Die Banane in groben Stücken zugeben und ebenfalls untermixen. Die Creme mit Vanille und Zimt würzen.

FÜR DEN TOPFEN-ÖL-TEIG

Den Tofu zerbröseln und anschließend mit der Soja- oder Hafermilch und dem Öl zu einer glatten Masse pürieren. Den Agavendicksaft unterrühren. :: Mehl mit Backpulver, Vanille und Salz vermischen und anschließend mit der Tofumasse vermengen. So lange kneten, bis sich die Zutaten verbunden haben und ein elastischer Teig entstanden ist. :: Den Teig auf einer bemehlten Fläche zu einem ca. 0,5 cm dicken Rechteck ausrollen. Die Füllung mit einer kleinen Palette auf der gesamten Fläche verstreichen. Vom gezuckerten Rhabarber die Flüssigkeit abgießen und die Rhabarberstückchen gleichmäßig auf der Creme verteilen. :: Die Teigplatte von der Längsseite her zu einer Rolle formen und mit einem scharfen Messer ca. 2 cm breite Scheiben abschneiden. Diese mit der Schnittfläche nach oben auf ein mit Backpapier ausgelegtes Backblech setzen. :: Im vorgeheizten Backofen bei 180 °C ca. 20–22 Minuten backen, abkühlen lassen und nach Belieben mit Staubzucker dekorieren.

Obwohl Rhabarber ein Gemüse und kein Obst ist, hat er mich herzhaft zubereitet noch nie so überzeugen können wie in süßem Gebäck. Sein Geschmack ist für mich der Inbegriff von Backen im Frühling mit den ersten Köstlichkeiten, die man im Garten ernten kann. Als Kind tauchte ich die rohen Rhabarberstangen einfach in Zucker, bevor ich an ihnen knabberte. Heute gleiche ich die Säure etwas raffinierter aus: Die Kombination aus Datteln und Banane verleiht nicht nur eine feine Süße, sondern ergibt zusammen mit den Cashewkernen eine streichfähige Creme, die sich wunderbar in Teig rollen lässt.

In meiner Kindheit gab es keinen Sommer ohne einen langen Besuch bei meinen Urgroßeltern in Niederösterreich. Diese Aufenthalte verbinde ich mit wunderschönen Erinnerungen und dazu gehören auch die frischen Powidltascherln, die sich regelmäßig in der Küche türmten. Meine Uroma machte sie aus klassischem Topfenteig und füllte sie großzügig mit ihrem selbst gemachten Powidl. Ich habe das ursprüngliche Rezept nicht nur veganisiert, sondern auch geschmacklich etwas abgewandelt. Dabei sind durch Zugabe von Nüssen sowie Gewürzen Tascherln entstanden, die an einen anderen österreichischen Klassiker erinnern.

Powidltascherln
LINZER ART

FÜR 1 BACKBLECH
ERGIBT: 10 STÜCK

FÜR DEN KNETTEIG

125 g Dinkelmehl (Type 700)
1/2 TL Weinsteinbackpulver
1 Prise Salz
1/2 TL Zimt
1/4 TL Vanille, gemahlen
1/4 TL Nelken
15 g Agavendicksaft
50 g Mandelmus
65 g Sojajoghurt (natur), abgetropft
(Ausgangsbasis ca. 100 g Joghurt)

FÜR DIE FÜLLUNG

150 g Powidl

FÜR DIE DEKORATION

Rohrrohrstaubzucker

Das Sojajoghurt am Vorabend in ein mit einem Papierfilter ausgelegtes, engmaschiges Sieb geben und über Nacht abtropfen lassen. ⁚ Mehl mit Backpulver, Salz und den Gewürzen mischen. Agavendicksaft, Mandelmus und Sojajoghurt einarbeiten und so lange verkneten, bis ein glatter Teig entstanden ist. Diesen anschließend dünn ausrollen und mit einem Ausstecher Kreise mit 9–10 cm Ø ausstechen. In die Mitte jedes Kreises je einen Klecks Powidl setzen und die Teigkreise anschließend zusammenfalten. ⁚ Die Tascherln auf ein mit Backpapier belegtes Backblech setzen und im vorgeheizten Backofen bei ca. 170 °C ca. 20–22 Minuten backen. Anschließend auskühlen lassen und nach Belieben mit Staubzucker dekorieren.

TIPP

Je nach Marke tropft Sojajoghurt unterschiedlich gut ab, es verliert gut ein Drittel bis die Hälfte an Gewicht. Darum kann man im Vorfeld meist nie so genau abschätzen, wie viel Masse wirklich übrig bleibt. Deshalb empfiehlt es sich, besser eine größere Menge abtropfen zu lassen. Bleibt dann zu viel übrig, kann man die topfenähnliche Masse auch wunderbar anderweitig verwenden – wie beispielsweise für Dips oder als Brotaufstrich.

Strudel-Polsterzipf
MIT TOPFEN-NUSS-FÜLLUNG

FÜR 1 BACKBLECH
ERGIBT: 12 STÜCK

FÜR DIE TOPFEN-NUSS-FÜLLUNG
150 g Sojajoghurt (natur), abgetropft
(Ausgangsbasis ca. 250 g Joghurt,
siehe TIPP Powidltascherln S. 41)
50 g Mandeln
50 g Walnüsse
60 g Agavendicksaft
1 EL Kakao
1 EL Instantkaffeepulver
1/2 TL Vanille
1/2 TL Zimt
1 TL Maisstärke
200 g fertiger, gerollter Strudelteig

Soja- oder Hafersahne zum Bestreichen

FÜR DIE DEKORATION
Rohrohrstaubzucker

Das Sojajoghurt am Vorabend in ein mit einem Papierfilter ausgelegtes, engmaschiges Sieb geben und über Nacht abtropfen lassen. ⁚ Mandeln und Walnüsse mit dem Blitzhacker fein mahlen, anschließend in einer Pfanne ohne Fett anrösten. Dabei die Nüsse stets wenden und die Hitze rechtzeitig reduzieren, da sie sehr schnell verbrennen. Die Masse vor der Weiterverarbeitung abkühlen lassen. ⁚ Zusammen mit Joghurt, Agavendicksaft, Kakao, Kaffeepulver, Vanille, Zimt und Stärke in eine Schüssel geben und alles gut miteinander verrühren. ⁚ Den Strudelteig auslegen und in gleich große Streifen von 10 cm Breite und 20 cm Länge schneiden. Jeweils 1 gehäuften Teelöffel der Fülle auf das untere Ende eines Teigstreifens platzieren und anschließend das untere Teigstück übereck als Dreieck über die Füllung geben. Dieses dann wiederum nach oben schlagen, so dass wieder ein Dreieck entsteht. Erneut übereck ein Dreieck falten – so fortfahren, bis der Teigstreifen aufgebraucht und der Polsterzipf vollständig geschlossen ist. ⁚ Die Teigtäschchen auf ein mit Backpapier belegtes Backblech legen, mit der Pflanzensahne bestreichen und im vorgeheizten Backofen bei 180 °C ca. 15 Minuten backen. ⁚ Auskühlen lassen und mit Staubzucker dekorieren.

Jedes Rezept, das die Zutat Topfen enthält, lässt mich hell erstrahlen. Ob nun im Teig, als Guss oder Füllung – Topfen ist für mich einfach ein Alleskönner. Bei den Polsterzipfe wird er von knusprig-blättrigem Strudelteig umhüllt und ist die wichtigste Komponente des saftig-nussig-schokoladigen Innenlebens. Fertigen Strudelteig kaufe ich im Bioladen, da gibt es ihn gerollt und man kann gerade so viel abschneiden, wie man für das jeweilige Rezept braucht. Wer den Strudelteig lieber selbst zubereiten möchte, der erfährt auf Seite 53, wie das funktioniert.

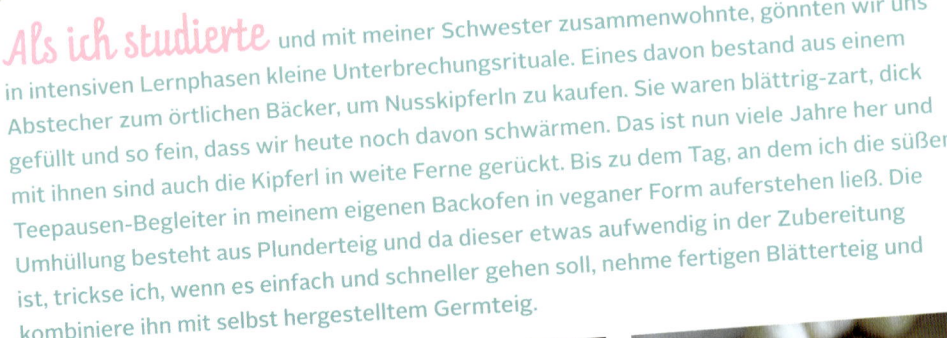

Als ich studierte und mit meiner Schwester zusammenwohnte, gönnten wir uns in intensiven Lernphasen kleine Unterbrechungsrituale. Eines davon bestand aus einem Abstecher zum örtlichen Bäcker, um Nusskipferln zu kaufen. Sie waren blättrig-zart, dick gefüllt und so fein, dass wir heute noch davon schwärmen. Das ist nun viele Jahre her und mit ihnen sind auch die Kipferl in weite Ferne gerückt. Bis zu dem Tag, an dem ich die süßen Teepausen-Begleiter in meinem eigenen Backofen in veganer Form auferstehen ließ. Die Umhüllung besteht aus Plunderteig und da dieser etwas aufwendig in der Zubereitung ist, trickse ich, wenn es einfach und schneller gehen soll, nehme fertigen Blätterteig und kombiniere ihn mit selbst hergestelltem Germteig.

Nusskipferl

FÜR 1 BACKBLECH
ERGIBT: 12 STÜCK

FÜR DEN PLUNDERTEIG

240 g fertiger, gerollter Blätterteig

FÜR DEN GERMTEIG

90 ml Soja- oder Hafermilch
16 g frischer Germ
200 g Dinkelmehl (Type 700)
30 g Rohrohrzucker
1 Prise Salz
25 g Sonnenblumen- oder Rapsöl

FÜR DIE NUSSFÜLLUNG

75 g Walnüsse
75 g Haselnüsse
5 EL Soja- oder Hafersahne
3–4 EL Agavendicksaft
1 TL Zimt
Schalenabrieb von 1/2 Zitrone

FÜR DIE DEKORATION

Rohrohrstaubzucker

FÜR DEN GERMTEIG

Die Getreidemilch leicht erwärmen, den frischen Germ darin auflösen und ca. 10 Minuten gehen lassen. Mehl mit Zucker und Salz mischen, anschließend das Milch-Germ-Gemisch und das Öl einarbeiten. Dabei den Teig so lange kneten, bis er geschmeidig ist und sich vom Schüsselrand löst. Den Teig zu einer Kugel formen und zugedeckt an einem warmen Ort ca. 30 Minuten gehen lassen.

FÜR DIE NUSSFÜLLUNG

In der Zwischenzeit die Nüsse mahlen, vermischen und in einer Pfanne ohne Fett anrösten. Dabei die Nüsse stets wenden und die Hitze rechtzeitig reduzieren, da sie sehr schnell verbrennen. Die Masse überkühlen lassen. Soja- oder Hafersahne, Agavendicksaft, Zimt und Zitronenschale zugeben und so lange verrühren, bis eine geschmeidige, streichfähige Paste entsteht. Sollte diese zu trocken sein, noch mehr Sahne zugeben. ⁞ Nun den Germteig nochmals vorsichtig durchkneten und auf einer bemehlten Fläche auf die Größe des Blätterteigs ausrollen. Den Blätterteig auf den Germteig legen und beide Teiglagen mit einer Gabel mehrmals einstechen. Die gesamte Teigfläche zusammenklappen und nochmals etwas ausrollen. Nun Dreiecke zurechtschneiden und diese – je nach Größe – in der Mitte mit ca. 1 EL Nussfülle bestreichen. Zur Spitze hin aufrollen und zu Kipferln formen, indem die Ecken vorsichtig umgebogen werden. ⁞ Die Kipferl auf ein mit Backpapier ausgelegtes Backblech setzen und im vorgeheizten Backofen bei 170 °C ca.20 Minuten backen. Anschließend abkühlen lassen und mit Staubzucker bestäuben.

TIPP

Ich kaufe nie fertig gemahlene Nüsse, sondern verwende sie nur im Ganzen und mahle sie je nach Bedarf im Blitzhacker. Das frische Aroma ist nicht zu vergleichen. Dieses kann man so richtig intensivieren, indem man die gemahlenen Nüsse in einer Pfanne ohne Fett anröstet.

Mohn-Marillen-Kränzchen

FÜR 1 MUFFINFORM
ERGIBT: 8 STÜCK

FÜR DEN GERMTEIG

110 ml Hafermilch
20 g frischer Germ
250 g Dinkelmehl (Type 700)
30 g Rohrohrzucker
Schalenabrieb von 1/2 Zitrone
1 Prise Salz
30 g Sonnenblumen- oder Rapsöl

FÜR DIE MOHN-MARILLEN-FÜLLUNG

100 ml Hafermilch
40 g Rohrohrzucker
1 Pkg. Vanillezucker
100 g Mohn, gemahlen
1 TL Maisstärke
2 TL kaltes Wasser

150 g Marillenmarmelade zum
Bestreichen

FÜR DEN GERMTEIG

Die Hafermilch leicht erwärmen, den frischen Germ darin auflösen und ca. 10 Minuten gehen lassen. Mehl mit Zucker, Zitronenschale und Salz mischen, anschließend das Milch-Germ-Gemisch und das Öl einarbeiten. Dabei den Teig so lange kneten, bis er geschmeidig ist und sich vom Schüsselrand löst. Den Teig zu einer Kugel formen und zugedeckt an einem warmen Ort ca. 30 Minuten gehen lassen.

FÜR DIE MOHN-MARILLEN-FÜLLUNG

In der Zwischenzeit für die Füllung die Hafermilch mit Zucker und Vanillezucker aufkochen, den Mohn hinzufügen und unter Rühren ca. 2 Minuten vorsichtig köcheln lassen. Maisstärke in Wasser auflösen und unter die Masse rühren. Auskühlen lassen. ⠿ Den Teig auf einer bemehlten Arbeitsfläche zu einem Rechteck 0,5 cm dick ausrollen. ⠿ Die Marillenmarmelade dünn aufstreichen, darauf die Mohnmasse verteilen und ebenfalls verstreichen. ⠿ Von der Längsseite her zu einer Roulade aufrollen. Die Rolle in gleich große Portionen schneiden und in die Vertiefungen des gefetteten Muffinblechs setzen. ⠿ Im vorgeheizten Backofen bei 170 °C ca. 25 Minuten backen. Abkühlen lassen und anschließend aus der Form lösen.

Variante

Probieren Sie
statt Marillen- auch
einmal Zwetschken-
marmelade!

Ich habe dieses Rezept viele Male gebacken und den rohen, gefüllten Teig anfangs verzwirbelt oder geflochten, um eine typische Kranzform zu erzielen. Letztlich gefiel mir das fertige Gebäck in der einfachsten Herstellungsvariante aber am besten. Und das bedeutet: Eine Rolle formen, in dicke Scheiben schneiden und diese in einer Muffinform backen. Das ist zwar genau genommen kein Kränzchen, aber ich konnte den hübschen Namen einfach nicht mehr ändern. Und schließlich kommt es ja viel mehr auf das Was als auf das Wie an und dieses ist mit der Mischung aus flaumigem Germteig, Mohn und Marille einfach himmlisch gut. Am besten schmecken die Kränzchen (oder wie immer man sie nun nennen mag) frisch aus dem Ofen – gerne noch lauwarm.

Meine Mama kocht und bäckt, ohne dass es ihr wirklich bewusst ist, nach den Prinzipien von „Slow Food" – so entsteht alles in ihrer Küche ohne Fertigpäckchen, vielmehr aber mit Ruhe und Bedacht. Folglich ist es wenig erstaunlich, dass ihre Standard-Backwerke keine schnellen Rührkuchen, sondern Variationen aus Germteig sind. Ich wage zu behaupten, dass diese nirgends so locker und zart wie bei ihr schmecken. Und seit ich ihr gesagt habe, wie einfach Germteig mit rein pflanzlichen Zutaten funktioniert, freue ich mich umso mehr über den unnachahmlichen Duft von frisch gebackenen Buchteln, wenn ich ab und zu auf Heimaturlaub komme. Ja, ich glaube es sind wirklich Mamas Zeit (und Liebe), die dieses Gebäck so besonders machen.

Buchteln

FÜR DIE BUCHTELN

30 g frischer Germ
50 g Rohrohrzucker
150 ml lauwarmes Wasser
150 ml Hafersahne
400 g Dinkelmehl (Type 700)
1 Prise Salz
1 Pkg. Vanillezucker

2 EL Margarine zum Fetten und
Bepinseln
1 EL Rohrohrzucker für die Form

FÜR DIE DEKORATION

Rohrohrstaubzucker

Germ und 1 TL Zucker mit 50 ml lauwarmen Wasser verrühren und 10 Minuten stehen lassen. ⁝ Anschließend mit Hafersahne, dem restlichen Wasser, Zucker, Vanillezucker und Salz gut vermengen und zu einem geschmeidigen Teig verarbeiten. Diesen 30 Minuten an einem warmen Ort gehen lassen. ⁝ Mit der Teigkarte gleichgroße Portionen abstechen. Diese auf einer bemehlten Arbeitsfläche drehen und dabei die Teiglinge zu einer runden Form glatt schleifen. Die Kugeln dann in eine mit zerlaufener Margarine ausgefetteten und mit Zucker bestreuten Form setzen und nochmals ca. 10 Minuten gehen lassen. ⁝ Vor dem Backen mit Margarine bepinseln und im vorgeheizten Backofen bei 180–200 °C 25–30 Minuten backen. ⁝ Mit Staubzucker dekorieren.

TIPP

Ganz frisch aus dem Ofen brauchen die Buchteln gar kein weiteres Drumherum. Sie schmecken aber natürlich auch herrlich mit Vanillesoße, Marmelade oder Schoko-Aufstrich. Und wer sie mit Innenleben haben möchte, der füllt sie vor dem Backen – je nach Vorliebe – zum Beispiel mit Powidl oder Topfen.

Nicht immer gelingt es, Lebensmittel genau nach Plan zu verbrauchen – man hat zu viel gekauft oder gebacken und so gibt es eben auch mal Reste. Mein oberstes Ziel ist es, sie stets alle zu verwerten. Die Frage „Wohin mit all den Semmeln?" brachte irgendwann dieses Rezept hervor. Das Ergebnis finde ich so lecker, dass ich sie nun ab und zu mal absichtlich liegen lasse, und das ist genau genommen eine perfekt geplante Resteverwertung.

Arme Ritter

FÜR 1 PFANNE

ERGIBT: 8 STÜCK

4 altbackene Semmeln (vom Vortag)
200 ml Sojamilch
1 Pkg. Vanillezucker
Semmelbrösel (optional)

Pflanzenöl zum Ausbacken

FÜR DIE DEKORATION
Vanillesoße
Zimt, gemahlen (optional)

Semmeln mittig teilen und ringsherum auf einem Reibeisen abreiben. Die dabei entstehenden Brösel auffangen. Milch mit Zucker verrühren und die Semmeln darin einweichen. Öfter wenden, damit alle Seiten getränkt sind. Anschließend mit den Bröseln panieren. Sollten diese nicht ausreichen, noch fertige Semmelbrösel hinzugeben. Das Öl in der Pfanne erhitzen und die panierten Semmeln von allen Seiten goldbraun ausbacken. Auf einem Teller anrichten, mit Vanillesoße übergießen und mit Zimt bestäuben.

TIPP

Die Vanillesoße kann man schnell und einfach aus Vanillepuddingpulver, Zucker und Sojamilch herstellen. Wer es aufwändiger bevorzugt, geht folgendermaßen vor: 200 ml Sojamilch mit 15 g Rohrohrzucker, 1 TL gemahlener Vanille, 1 Prise Salz und 1 Msp. Kurkuma vermischen und aufkochen. 10 g Maisstärke mit 50 ml Sojamilch glattrühren, zu dem übrigen Milchgemisch geben und köcheln lassen, bis die Masse eindickt. Entweder lauwarm oder kalt servieren (dabei immer wieder umrühren, damit sich keine Haut bildet).

Apfelstrudel

FÜR 1 REINDL MIT EINER GRÖSSE VON 25 × 35 CM
ERGIBT: 1 STRUDEL MIT CA. 30 CM LÄNGE, 6–8 STÜCK

FÜR DIE FÜLLUNG
750 g Äpfel
1 TL Zimt
1–2 EL Rohrohrzucker (optional)
2–3 EL Rosinen
2–3 EL Mandelstifte

FÜR DEN STRUDELTEIG
250 g helles, griffiges Weizenmehl
125 ml lauwarmes Wasser
2 TL Sonnenblumen- oder Rapsöl
1 Prise Salz

250 ml Sojamilch zum Übergießen

FÜR DIE DEKORATION
Rohrohrstaubzucker
evtl. aufschlagbare Sojasahne

FÜR DIE FÜLLUNG
Die Äpfel schälen und in kleine Spalten schneiden. Mit Zimt vermischen und je nach Säure der Früchte überzuckern.

FÜR DEN STRUDELTEIG
Mehl auf ein Brett sieben, eine Mulde formen und in diese lauwarmes Wasser, Öl und Salz geben. Alle Zutaten mit den Händen verkneten, bis ein seidig-glatter Teig entstanden ist. Diesen zu einer Kugel formen, mit etwas Öl bestreichen, mit einer Schüssel abdecken und 30 Minuten rasten lassen. :: Auf einer Arbeitsfläche ein Tuch ausbreiten und mit Mehl bestäuben. Darauf den Teig zuerst mit einem Nudelholz auszurollen und dann mit den Händen von der Mitte weg nach außen ziehen, bis eine dünne Fläche entstanden ist. :: Die geschnittenen Äpfel auf 2/3 des Teigs verteilen, Rosinen und Mandelstifte darübergeben. Die Enden leicht einschlagen, mit Hilfe des Tuchs zur freien Teigseite hin aufrollen, bis eine geschlossene Rolle entstanden ist. Diese so in die gefettete Auflaufform gleiten lassen, dass die Naht auf der Unterseite liegt. :: Im vorgeheizten Backofen bei 180 °C ca. 20 Minuten backen, dann mit der Sojamilch übergießen und weitere 10–15 Minuten weiterbacken. :: Aus dem Ofen holen, mit Staubzucker dekorieren und in Stücke schneiden. :: Nach Bedarf mit aufgeschlagener Sojasahne servieren.

TIPP

Für die klassische Wiener Variante bleibt das Teigrezept gleich. Der Füllung werden dann, je nach Saftigkeit der Äpfel, noch 30–40 g Semmelbrösel beigemischt und das Aufgießen mit der Milch entfällt komplett.

Mini-Teeblätter

FÜR 1 BACKBLECH

ERGIBT: 8 STÜCK

4 Scheiben fertiger Blätterteig
1–2 TL Rohrohrzucker
40 g Zartbitterschokolade
oder -kuvertüre

FÜR DIE FÜLLUNG

70 g weiße Schokolade
1 Pkg. Karamellpuddingpulver
300 ml Sojamilch
1 EL Margarine

Die 4 Blätterteigscheiben jeweils in 4 gleich große Stück schneiden und die Ecken leicht abrunden. Mit etwas Zucker bestreuen und auf ein mit Backpapier belegtes Backblech legen. Mit einer weiteren Lage Backpapier abdecken und ein zweites Backblech drauflegen – so wird verhindert, dass der Teig beim Backen zu sehr aufgeht. ⁝ Die Blätterteigscheiben bei 180 °C ca. 15–17 Minuten backen und auf einem Kuchengitter abkühlen lassen. ⁝ Die Zartbitterschokolade grob hacken und in einer Schüssel über dem heißen Wasserbad schmelzen lassen. Anschließend die oberen und unteren Enden von acht gebackenen Teigblättern mit der temperierten Schokolade bestreichen.

FÜR DIE FÜLLUNG

Die weiße Schokolade grob hacken und in einer Schüssel über dem heißen Wasserbad vorsichtig schmelzen lassen. Hierbei sollte man sich Zeit nehmen, da weiße Schokolade bei zu hohen Temperaturen schnell klumpt. ⁝ Das Puddingpulver mit 3–4 EL Sojamilch glattrühren. Die restliche Milch aufkochen lassen, das Puddingpulver-Sojamilch-Gemisch einrühren und so lange rühren, bis die Masse zu einem festen Pudding eindickt. Von der Herdplatte nehmen und kurz überkühlen lassen, dabei den Pudding immer wieder durchrühren. Anschließend die geschmolzene weiße Schokolade sowie die Margarine einrühren und die Masse mit dem Schneebesen kräftig durchschlagen. Anschließend komplett abkühlen lassen. Die abgekühlte Creme nochmals kräftig durchrühren, in einen Dressiersack füllen und auf die 8 Teigblätter ohne Schokolade spritzen. Abschließend mit den übrigen Teighälften belegen und etwas andrücken.

Dieses knusprig-lockere Gebäck

hatte ich lange Zeit für meinen Papa im Kopf, denn er liebt Teeblätter, seit ich denken kann. Da er sich aber niemals an den Backofen wagt, gab es die feinen Stückchen früher nur sehr selten. Als er sie dann das erste Mal eigens für ihn gebacken habe, wurden meine Hoffnungen bestätigt und die gesamte Ladung musste für ihn reserviert werden. Ich wette, wenn er schon immer gewusst hätte, wie einfach die Herstellung ist, hätte er sich niemals auf fremde Bäckerkunst verlassen. Und nachdem das Rezept nun schwarz auf weiß existiert, gibt es keine Ausreden mehr.

Als passionierte Teetrinkerin landet mein liebstes Getränk nicht nur in der Tasse, sondern gerne auch in Gebäck. Egal ob Gewürz-, Grün- oder Schwarztee, die Bandbreite der verschiedenen Aromen ist enorm und verfeinert auch Teige, Cremes und Schokolade. Für diese Mini-Törtchen vereine ich die duftig-herbe Bergamotte-Würze des Earl-Grey-Tees mit zwei verschiedenen Schokoladen und fülle das Ganze in zarte Mürbteigböden. Das ergibt „Tee zum Naschen" auf die feinste Art.

Earl-Grey-Törtchen

FÜR 1 BACKFORM FÜR MINI-TARTELETTES MIT JEWEILS 7 CM Ø
ERGIBT: 10 STÜCK

FÜR DIE DUNKLE SCHOKOLADENFÜLLUNG

135 g Hafersahne
100 g Zartbitterschokolade
1 1/2 TL Earl-Grey-Tee

FÜR DEN MÜRBTEIG

125 g Weizenmehl (Type 480)
15 g Rohrohrzucker
1 Prise Salz
60 g kalte Margarine
1 EL Wasser

Backpapier und getrocknete Erbsen
zum Blindbacken

FÜR DIE WEISSE SCHOKOLADENFÜLLUNG

50 g weiße Reismilchschokolade
25 g Hafersahne
1 TL Orangenschale, abgerieben

FÜR DIE DEKORATION

Pistazienkerne, gehackt

FÜR DIE DUNKLE SCHOKOLADENFÜLLUNG

Die 135 g Hafersahne erhitzen, die Teeblätter zugeben und einige Minuten ziehen lassen. Anschließend durch ein Sieb gießen. Die Zartbitterschokolade hacken und in die aromatisierte Sahne geben, bis sie geschmolzen ist. Die Masse glattrühren und für einige Stunden im Kühlschrank fest werden lassen.

FÜR DEN MÜRBTEIG

Mehl mit Zucker und Salz vermischen. Anschließend die kalte Margarine in kleine Würfel schneiden und einarbeiten. Je nach Trockenheit des Teigs das Wasser hinzufügen und so lange kneten, bis sich alle Zutaten miteinander verbunden haben und ein homogener Teig entstanden ist. Diesen in Frischhaltefolie einwickeln und für rund 30 Minuten im Kühlschrank ruhen lassen. ⁞ Den Teig anschließend auf einer leicht bemehlten Arbeitsfläche ausrollen und mit einem Ausstecher Kreise mit 8 cm Ø ausstechen. Diese in eine gefettete Mini-Tartelettes-Backform legen und mit einer kleinen Gabel mehrfach einstechen. Aus dem Backpapier entsprechend große Kreise ausscheiden, in die mit Teig ausgelegten Mulden legen und mit den getrockneten Erbsen beschweren. Im vorgeheizten Backofen bei 180 °C 10–12 Minuten backen. Die Törtchen in der Form auskühlen lassen, Backpapier und Erbsen entfernen und dann vorsichtig herauslösen.

FÜR DIE WEISSE SCHOKOLADENFÜLLUNG

Die weiße Schokolade hacken und zusammen mit der Hafersahne in einer Schüssel über dem heißen Wasserbad vorsichtig erwärmen, bis die Schokolade geschmolzen ist. Die Orangenschale gut unterrühren. ⁞ Anschließend jeweils einen Teelöffel in die erkalteten Mürbteig-Tartelettes füllen, leicht glattstreichen und fest werden lassen. ⁞ Die fest gewordene dunkle Füllung in einen Dressiersack füllen und in jedes Törtchen eine Rosette spritzen. ⁞ Mit gehackten Pistazienkernen dekorieren.

Birnen-Kakao-Sahnetörtchen

FÜR 1 BACKBLECH PLUS BACKRAHMEN SOWIE DESSERTRINGE MIT 7,5 CM Ø
ERGIBT: 4 STÜCK

FÜR DAS KAKAOBISKUIT
180 g Dinkelmehl (Type 700)
1 TL Weinsteinbackpulver
70 g Rohrohrzucker
1 TL Vanillezucker
2 EL Kakao
1 Prise Salz
30 g Sonnenblumen- oder Rapsöl
190 ml prickelndes Mineralwasser

FÜR DIE BIRNEN-SAHNE-CREME
1 1/2 mittelgroße Birnen
100 g weiße Reismilchschokolade
100 g Schlagcreme
200 g Sojajoghurt (natur), abgetropft
(Ausgangsbasis ca. 300 g Joghurt,
siehe TIPP Powidltascherln S. 41)
1/2 TL Agar-Agar
1 TL Johannisbrotkernmehl

FÜR DIE DEKORATION
Schlagcreme
Kakao

FÜR DAS KAKAOBISKUIT
Mehl und Backpulver in eine Schüssel sieben. Zucker, Vanille-zucker, Kakao und Salz hinzufügen und alles gut miteinander vermischen. :: Öl und Mineralwasser miteinander vermischen, zu den trockenen Zutaten geben und so lange verrühren, bis ein homogener Teig entstanden ist. :: Den Backrahmen auf die Größe von 23 × 25 cm einstellen und auf ein mit Backpapier ausgelegtes Backblech stellen. Den Teig eingießen und im vor-geheizten Backofen bei 160 °C 20–25 Minuten backen. Komplett auskühlen lassen.

FÜR DIE BIRNEN-SAHNE-CREME
Die Birnen schälen, putzen und in kleine Stücke schneiden. Eine Hälfte fein pürieren, die andere beiseite stellen. :: Die Schokolade in einer Schüssel über dem heißen Wasserbad sehr vorsichtig schmelzen lassen. Hierbei sollte man sich Zeit nehmen, da weiße Schokolade bei zu hohen Temperaturen schnell klumpt. :: Die Schlagcreme fest aufschlagen. :: Die pürierten Birnen mit 1–2 EL Sojajoghurt und Agar-Agar in einem kleinen Topf erhitzen und 1–2 Minuten köcheln lassen, dabei stets gut rühren. Anschließend von der Herdplatte nehmen und in das übrige Joghurt einrüh-ren. Die geschmolzene Schokolade ebenso einrühren. Dann die Schlagcreme unterheben und das Johannisbrotkernmehl mit einem kleinen Sieb in die Masse sieben und gut unterrühren. Am Ende die übrigen Birnenstückchen unter die Masse heben. :: Mit Hilfe der Dessertringe aus der fertigen Teigplatte 8 Kreise aus-stechen. Nun in die Dessertringe abwechselnd Böden und Creme schichten und diese mehrere Stunden kalt stellen, damit die Creme fest werden kann. :: Die Törtchen aus den Ringen lösen, mit Schlagcreme dekorieren und mit Kakao bestäuben.

Frankreich ist (bisher) nicht gerade ein veganerInnenfreundliches Land, dafür aber die unschlagbare Nummer eins, wenn es um feine Patisserie geht. An dem liebe- und kunstvoll dekorierten französischen Mini-Gebäck werde ich mich niemals sattsehen können. Und weil ich mich davon auch sattessen möchte, hole ich einfach ein bisschen französische Konditorenkunst in meine eigene Küche. Spätestens nach den vielen Arbeitsschritten steht ganz klar fest: Es gibt Kuchen, die weitaus weniger Arbeit machen, aber die sind auch nicht so traumhaft edel.

Schoko-Nuss-Petits-Fours

FÜR 1 BACKBLECH PLUS BACKRAHMEN MIT 40×20 CM
ERGIBT: 16 STÜCK

FÜR DAS NUSSBISKUIT

60 g Nüsse (Hasel- oder Walnüsse oder gemischt)
180 g Weizenmehl (Type 480)
20 g Maisstärke
1 1/2 TL Weinsteinbackpulver
100 g Rohrohrzucker
1 Prise Salz
1/2 TL Vanille, gemahlen
1 TL Orangenschale, abgerieben
250 g Soja- oder Soja-Reis-Milch
40 g Sonnenblumen- oder Rapsöl

FÜR DIE SCHOKOCREME-MARMELADEN-FÜLLUNG

100 g Zartbitterschokolade
125 g Vanillepudding*

2–3 EL rote Marmelade (wie z.B. Himbeere, Ribisel oder Mehrfrucht)

FÜR DIE GANACHE

200 g Zartbitterschokolade
200 g Soja- oder Hafersahne

FÜR DIE DEKORATION

Schokospäne aus weißer und dunkler Schokolade

FÜR DAS NUSSBISKUIT

Die Nüsse im Blitzhacker fein mahlen. ⁞ Mehl, Stärke, Nüsse, Backpulver, Zucker, Salz, Vanille und Orangenschale vermischen. ⁞ In einer separaten Schüssel die Sojamilch mit dem Öl verquirlen. Anschließend die trockenen mit den feuchten Zutaten vermengen, bis ein homogener Teig entstanden ist. ⁞ Den Backrahmen auf die Größe 40×20 cm einstellen und auf ein mit Backpapier ausgelegtes Backblech stellen. Den Teig eingießen und im vorgeheizten Backofen bei 175 °C ca. 20–22 Minuten backen. ⁞ Vollständig abkühlen lassen. Dann die Teigplatte in zwei gleich große Hälften à 20×20 cm teilen.

FÜR DIE SCHOKOCREME-MARMELADEN-FÜLLUNG

Die Schokolade über dem heißen Wasserbad schmelzen, mit dem Vanillepudding vermengen und glattrühren. ⁞ Die Marmelade mit einer kleinen Palette auf die eine Hälfte des Biskuits streichen, darauf die Schokocreme verteilen und mit der zweiten Teigplatte abdecken. ⁞ Den gefüllten Kuchen für 1–2 Stunden kühl stellen, damit die Creme richtig fest werden kann. Anschließend den Kuchen rundherum begradigen und dabei von jeder Seite einen ca. 1 cm breiten Streifen abschneiden. Dann das Quadrat in 16 gleich große Würfel schneiden.

FÜR DIE GANACHE

Die Schokolade klein hacken. Die Sahne in einem kleinen Topf vorsichtig erwärmen, die Schokostücke hinzufügen, schmelzen und die Ganache zu einer glatten Masse verrühren. ⁞ Nun die Kuchenwürfel mit Hilfe einer kleinen Palette mit der Ganache rundum gleichmäßig bestreichen und mit weißen und dunklen Schokospänen dekorieren.

> * Den Pudding aus 125 ml Sojamilch sowie 10 g Vanillepuddingpulver und 1 EL Rohrohrzucker gemäß Packungsanleitung herstellen – selbstverständlich kann auch fertig gekaufter Pudding verwendet werden.

Variante

Für eine andere Geschmacksnuance die Sojamilch in der Schoko-Kirsch-Füllung unbedingt einmal durch Mandelmilch ersetzen.

Handelt es sich bei diesem Rezept nun um einen Kuchen oder um eine Torte?

Das habe ich mich lange gefragt, denn die Basis ist eine Rührmasse, die man nach dem Backen eigentlich schon als Schokokuchen belassen und genießen könnte. Aber feine Dinge kann man manchmal noch feiner machen und deshalb verwandelt sich ein Teil des leckeren Schokoteigs in Kombination mit selbst hergestelltem Schokopudding zu einer cremigen Füllung, die dann auch noch auf Sauerkirschen gebettet wird. Damit verleihe ich ganz eindeutig den Status Torte.

Krümel-Schoko-Kirsch-Torte

FÜR 1 SPRINGFORM MIT 26 CM Ø
ERGIBT: 12–14 STÜCK

FÜR DEN SCHOKORÜHRTEIG

80 g Mandeln
270 g Dinkelmehl (Type 700)
50 g Maisstärke
2 TL Weinsteinbackpulver
40 g Kakao
180 g Rohrohrzucker
1 TL Vanille, gemahlen
1 Prise Salz
100 g Sonnenblumen- oder Rapsöl
150 ml Soja- oder Soja-Reis-Milch
180 ml Wasser

FÜR DIE SCHOKO-KIRSCH-FÜLLUNG

500 ml Soja- oder Soja-Reis-Milch
40 g Maisstärke
30–40 g Rohrohrzucker
1 EL Kakao
50 g Zartbitterschokolade
1 Glas Sauerkirschen (bevorzugt
Schattenmorellen; Abtropfgewicht
ca. 350 g)

FÜR DIE DEKORATION

Kakao

FÜR DEN SCHOKORÜHRTEIG

Die Mandeln im Blitzhacker fein mahlen. :: Mehl mit Stärke, Backpulver und Kakao in eine Schüssel sieben und mit Mandeln, Zucker, Vanille und Salz vermischen. :: Öl, Sojamilch und Wasser in einer separaten Schüssel gut verrühren, anschließend langsam zu den trockenen Zutaten geben und mit einem Löffel verrühren, aber nicht schaumig schlagen. Der Teig sollte zäh vom Löffel reißen. Die Masse in eine gefettete Springform füllen und im vorgeheizten Backofen bei 175 °C ca. 40–45 Minuten backen. Den Kuchen abdampfen lassen, aus der Form lösen und auf einem Kuchengitter komplett auskühlen lassen. :: Anschließend den Kuchen von oben her mit einem Löffel aushöhlen und dabei darauf achten, dass ein ca. 1 cm dicker Boden und Rand stehenbleibt. Den ausgehölten Teig in einer Schüssel zerkrümeln.

FÜR DIE SCHOKO-KIRSCH-FÜLLUNG

3–4 EL Sojamilch mit Stärke, Zucker und Kakao glattrühren. Die Schokolade fein hacken. :: Die restliche Sojamilch erwärmen und die Schokolade darin schmelzen, anschließend zum Kochen bringen. Dann die Stärke-Zucker-Mischung einrühren und nochmals kurz aufkochen lassen. Den Topf von der Kochplatte nehmen und den Pudding etwas abkühlen lassen, dabei immer wieder durchrühren. :: Die Sauerkirschen abgießen und abtropfen lassen, anschließend gleichmäßig auf dem Kuchenboden verteilen. :: Die Kuchenkrümel unter den Schokopudding ziehen und darauf achten, dass sich alles gut miteinander verbindet. Die Masse auf den Kirschen verteilen und die dabei entstehende Kuppel glattstreichen. :: Den Kuchen in den Kühlschrank stellen und mindestens 1–2 Stunden durchziehen lassen. :: Kurz vor dem Servieren mit Kakao bestäuben.

Himbeer-Kokos-Torte

FÜR 1 SPRINGFORM MIT 22 CM Ø
ERGIBT: 8–10 STÜCK

FÜR DAS KOKOSBISKUIT

180 g Dinkelmehl (Type 700)
2 TL Weinsteinbackpulver
50 g Kokosflocken
80 g Rohrohrzucker
1/2 TL Vanille, gemahlen
Schalenabrieb von 1/2 Zitrone
1 Prise Salz
30 g Sonnenblumen- oder Rapsöl
240 ml sprudelndes Mineralwasser

FÜR DIE HIMBEER-KOKOS-CREME

300 g Himbeeren
200 ml aufschlagbare Sojasahne
100 g Kokosmilch
50 g Himbeermarmelade
200 g Sojajoghurt (natur)
1 1/2 TL Agar-Agar
40 g Rohrohrstaubzucker
1 TL Johannisbrotkernmehl

FÜR DIE DEKORATION

Kokosraspel
frische Himbeeren

FÜR DAS KOKOSBISKUIT

Mehl und Backpulver in eine Schüssel sieben. Kokosflocken, Zucker, Vanille, Zitronenschale und Salz untermischen. Anschließend mit Öl und Mineralwasser zu einem glatten Teig verrühren. Diesen in eine mit Backpapier ausgelegte Springform füllen und im vorgeheizten Backofen bei 175 °C ca. 25 Minuten goldgelb backen. Abkühlen lassen, dann aus der Form lösen und auf ein Kuchengitter stürzen, komplett erkalten lassen und dann das Backpapier abziehen. Sollte sich beim Backen eine Kuppel gebildet haben, den Boden mit einem scharfen Messer gerade schneiden. Den Tortenboden auf eine Platte stellen, einen Tortenring in die richtige Größe einstellen und um den Boden spannen.

FÜR DIE HIMBEER-KOKOS-CREME

Die Himbeeren pürieren und durch ein Sieb streichen, sodass das Mark ohne Kerne übrig bleibt. Die Sojasahne aufschlagen. Kokosmilch, Marmelade und 100 g Joghurt mit Agar-Agar glattrühren, in einem Topf erhitzen und 1–2 Minuten köcheln lassen. Das restliche Joghurt mit dem Himbeermark und Staubzucker vermischen und unter Rühren die heiße Kokos-Joghurt-Mischung einlaufen lassen, bis eine homogene Masse entstanden ist. Anschließend die aufgeschlagene Sahne unterheben und so lange rühren, bis keine weißen Schlieren mehr zu sehen sind. Je nach Säure der Früchte mit Staubzucker abschmecken, dann das Johannisbrotkernmehl mit einem kleinen Sieb in die Masse sieben und gut unterrühren. Die Creme gleichmäßig auf dem Tortenboden verteilen und die Torte für mehrere Stunden in den Kühlschrank stellen, bis die Creme fest geworden ist. Abschließend mit Kokosraspeln bestreuen und mit frischen Himbeeren garnieren.

TIPP

Wer eine mehrschichtige Torte haben möchte, bäckt den Teig in einer kleineren Form und schneidet ihn einmal durch oder bleibt bei der Formgröße und verdoppelt die Zutatenmenge.

Mein Freund findet Himbeeren so überirdisch, dass er sie Himmelbeeren getauft hat. Als ich sie ihm dann das erste Mal in Kombination mit Kokos präsentierte, war es endgültig um ihn geschehen – seitdem könnte es eigentlich täglich diese Joghurt-Sahne-Torte geben. Und recht hat er, für dieses Backwerk kann ich selbst gar nicht genug Adjektive finden: sommerlich-leicht, fruchtig, aromatisch, exotisch oder einfach nur paradiesisch?

Joghurt-Vanille-Kuchen
MIT RIBISELN

FÜR MINI-KÖNIGSKUCHEN-BACKFORMEN MIT 10 CM LÄNGE
ERGIBT: 7 STÜCK

FÜR DEN JOGHURTRÜHRTEIG

30 g Mandeln
100 g Ribiseln
120 g Dinkelmehl (Type 700)
2 TL Weinsteinbackpulver
65 g Rohrohrzucker
1/2 TL Vanille, gemahlen
1 Prise Salz
150 g Vanillesojajoghurt
120 g Soja- oder Hafersahne
20 g Sonnenblumen- oder Rapsöl
1 TL Zitronenschale, abgerieben

FÜR DIE DEKORATION

Rohrrohrstaubzucker

Die Mandeln im Blitzhacker fein mahlen. Ribiseln waschen und von den Rispen lösen. ⁞ Mehl, Mandeln, Backpulver, Zucker, Vanille und Salz miteinander vermischen. ⁞ In einer separaten Schüssel Joghurt, Sahne, Öl und Zitronenschale glattrühren. Anschließend die trockenen und feuchten Zutaten verrühren, bis ein homogener Teig entstanden ist. Die Früchte vorsichtig unter den Teig heben und diesen auf die Backförmchen verteilen. ⁞ Im vorgeheizten Backofen bei 180 °C 20–22 Minuten backen. Die Förmchen komplett abkühlen lassen und abschließend mit Staubzucker dekorieren.

Ein typischer Sommerkuchen sollte erfrischend, saftig und fruchtig sein. Neben mit Obst belegten Biskuittörtchen liebe ich Gebäck mit Joghurt. Da sich Cremes und Hitze nicht wirklich gut vertragen, mische ich das Joghurt eben in den Teig. Eisgekühlt schmeckt der Kuchen dann wie Frucht-Vanille-Joghurt zum Abbeißen.

Waldbeer-Flaugnarde

FÜR 1 TARTEFORM MIT 25 CM ⌀
ERGIBT: 8–10 STÜCK

FÜR DIE FLAUGNARDE

250 g Seidentofu
160 g Kokosnussmilch
70 g Agavendicksaft
1/2 TL Vanille, gemahlen
1 Prise Salz
1 TL Backpulver
60 g Dinkelmehl (Type 700)
60 g Weizen- oder Dinkelgries
250 g Waldbeeren

FÜR DIE DEKORATION

Rohrohrstaubzucker

Seidentofu mit einem Pürierstab glattrühren. Kokosmilch, Agavendicksaft, Vanille und Salz hinzufügen und gut miteinander vermischen. Backpulver, Mehl und Gries mit Hilfe eines Schneebesens unterrühren, bis ein glatter, dünner Teig entstanden ist.
:: Eine Tarteform einfetten, die Beeren auf dem Boden verteilen (wenn gefrorene Früchte zum Einsatz kommen, diese vorher nicht auftauen, da sie sonst zu sehr nässen) und den Teig darübergießen. :: Im vorgeheizten Backofen bei 175 °C 30–35 Minuten backen, bis die Oberfläche gestockt und leicht golden ist.
Die Flaugnarde aus dem Ofen holen und leicht abkühlen lassen, dabei wird sie richtig fest. :: Entweder mit Staubzucker überpudern und noch lauwarm servieren oder erst gut durchkühlen lassen und dann bestäuben.

Wenn Franzosen diese Mischung aus Auflauf und Kuchen in der klassischen Variante mit Kirschen backen, nennen sie sie Clafoutis, kommen Äpfel, Birnen oder Pflaumen in den Teig, ist der Name Flaugnarde üblich. Ich will da mal nicht so streng sein, finde die Variante mit Waldbeeren einfach perfekt und bleibe bei Flaugnarde. Aber im Grunde kann man jede Frucht mit dem dünnflüssigen Teig übergießen – erinnert warm an gestockten Palatschinkenteig und ganz kalt an saftigen Topfenkuchen.

Macadamia-Topfen-Kuchen
MIT KARAMELLISIERTEN NÜSSEN UND SCHOKOLADE

FÜR 1 SPRINGFORM MIT 22 CM Ø
ERGIBT: 8–10 STÜCK

FÜR DEN MÜRBTEIGBODEN

135 g Dinkelmehl (Type 700)
1 EL Rohrohrzucker
1 Prise Salz
60 g kalte Margarine
1–2 EL Wasser

FÜR DIE TOPFENMASSE

115 g Macadamianüsse (nicht gesalzen oder geröstet)
150 ml Mandelsahne
350 g Seidentofu
100 g Rohrohrstaubzucker
1 1/2 Pkg. Vanillepuddingpulver
1 TL Vanille, gemahlen
1 EL Karamellsirup

FÜR DAS NUSS-SCHOKO-TOPPING

90 g gemischte Nüsse (Hasel-, Walnüsse, Mandeln etc.)
4–5 EL Rohrohrzucker
75 g Zartbitterschokolade

Vorab die Macadamianüsse für die Topfenmasse mehrere Stunden (am besten über Nacht) in Wasser einweichen.

FÜR DEN MÜRBTEIGBODEN

Mehl mit Zucker und Salz vermischen. Anschließend die kalte Margarine in kleine Würfel schneiden und in die trockenen Zutaten einarbeiten. Je nach Trockenheit des Teigs esslöffelweise das Wasser hinzufügen und so lange kneten, bis sich alle Zutaten miteinander verbunden haben und ein homogener Teig entstanden ist. Diesen in Frischhaltefolie einwickeln und für rund 30 Minuten im Kühlschrank ruhen lassen. ⁞ Den Teig anschließend auf einer leicht bemehlten Arbeitsfläche ausrollen, in eine gefettete Springform legen und mit einer Gabel einige Male einstechen.

FÜR DIE TOPFENMASSE

Die eingeweichten Macadamianüsse abgießen, mit klarem Wasser abspülen und zusammen mit Mandelsahne, Seidentofu, Staubzucker, Vanillepuddingpulver, Vanille und Karamellsirup in eine Schüssel geben. Die Zutaten mit Hilfe eines Pürierstabs auf höchster Stufe kräftig mixen, bis eine cremige und klümpchenfreie Masse entstanden ist. ⁞ Damit die Topfenmasse beim Backen nicht anklebt, den Rand der Springform leicht fetten und mit einem breiten Streifen Backpapier auslegen. Anschließend die Masse vorsichtig in die Form gießen und glattstreichen. ⁞ Im vorgeheizten Backofen bei 165 °C 50–55 Minuten backen, bis die Oberfläche gold gebräunt ist – gegebenenfalls abdecken, falls sie zu dunkel wird. Den Kuchen komplett auskühlen lassen und erst dann aus der Form nehmen, wenn die Topfenmasse ganz fest geworden ist (ansonsten könnte sie reißen).

Kein anderes Gebäck fasziniert mich so wie Topfenkuchen. Zum einen, weil ich ihn über alles liebe, zum anderen, weil es so unendlich viele Möglichkeiten gibt, ihn herzustellen. Ich habe sie alle ausprobiert (na ja, noch nicht ganz) und während der vielen Tests bin ich auf die Variante mit fein pürierten Nüssen gestoßen. Auch wenn man es anfangs nicht glauben mag: Das Ergebnis ist eine feine, cremige und doch stichfeste Konsistenz. Mein Rezept mit Macadamianüssen, Karamell und Schokolade mag etwas aufwändig und dekadent wirken, aber für guten Topfenkuchen tue ich einfach alles. Und da mir die Topfenmasse das Wichtigste ist, halte ich den Teiganteil sehr gering, backe nur einen Boden für die Stabilität und lasse den Rand einfach weg.

FÜR DAS NUSS-SCHOKO-TOPPING

Die Nüsse grob hacken und zusammen mit dem Zucker in einer Pfanne erhitzen. Dabei stetig rühren, so dass die Nüsse komplett mit Zucker ummantelt sind. Seien Sie dabei achtsam, denn der geschmolzene Zucker wird sehr heiß und es besteht die Gefahr, dass die Nuss-Zucker-Mischung verbrennt. ⠿ Die Nüsse, sobald sie rundherum karamellisiert sind, aus der Pfanne auf einen Teller geben und mit Hilfe eines Löffels voneinander lösen. Auskühlen lassen und anschließend auf dem Kuchen verteilen. ⠿ Zum Schluss die Schokolade in einer Schüssel über dem heißen Wasserbad schmelzen und mit einem Löffel über den gesamten Kuchen tropfen lassen. Fest werden lassen.

Cassis-Brownies

FÜR 1 QUADRATISCHE BACKFORM MIT 18 × 18 CM

ERGIBT: 9 STÜCK

FÜR DEN BROWNIETEIG

50 g Reismilchschokolade
70 g Zartbitterschokolade
80 g Schwarze Ribiselmarmelade
115 g Apfelmus
40 g Rohrohrzucker
30 g Sonnenblumen- oder Rapsöl
180 g Dinkelmehl (Type 700)
20 g Kakao
1 TL Vanille, gemahlen
1/4 TL Weinsteinbackpulver
1/2 TL Natron
1/4 TL Salz

FÜR DIE DEKORATION

30 g weiße Reismilchschokolade

FÜR DEN BROWNIETEIG

Die beiden Schokoladensorten klein hacken und in einer Schüssel über dem heißen Wasserbad schmelzen lassen. :: Marmelade, Apfelmus, Zucker und Öl miteinander verrühren. Anschließend die geschmolzene Schokolade einlaufen lassen und gut vermengen. :: In einer separaten Schüssel Mehl, Kakao, Vanille, Backpulver, Natron und Salz vermischen, zu der Marmeladen-Schoko-Mischung geben und so lange rühren, bis ein glatter Teig entstanden ist. :: Den Teig in eine gefettete Form geben und im vorgeheizten Backofen bei 175 °C ca. 20 Minuten backen. Komplett abkühlen lassen.

FÜR DIE DEKORATION

Die weiße Schokolade klein hacken und in einer Schüssel über dem heißen Wasserbad schmelzen lassen. Den Kuchen damit dekorieren. :: Fest werden lassen und in Stücke schneiden.

Es gibt unendlich viele Brownierezepte und ebenso viele Philosophien, wie die dunklen Rührteigkuchen sein müssen. Die Eigenschaften, die wohl auf alle zutreffen sollten: sehr schokoladig, kompakt und reichhaltig. Ich wollte meine Version bewusst nicht nussig, sondern fruchtig haben und kürte nach vielen Versuchen die schwarze Johannisbeere als eindeutig geschmacklichen Sieger. Wer die Mitte des Kuchens cremig-klebrig mag, der sollte die Backzeit kurzhalten und auch auf die Stäbchenprobe verzichten.

Streusel sind einfach genial:

Ihr Grundrezept ist supersimpel, sie lassen sich durch Kakao, Nüsse oder Gewürze spielend variieren und passen als Belag auf sämtliche Teige oder sogar solo auf Obst. Zudem sehen sie so dekorativ aus, dass man das fertige Backwerk nicht mehr zusätzlich verzieren muss. Streuselkuchen lässt sich bestens einpacken und transportieren, vor allem diese Variante mit getrockneten Sauerkirschen und Walnüssen, die zwar saftig, aber dennoch kompakt ist.

Kirsch-Walnuss-Streuselkuchen

FÜR 1 BACKBLECH PLUS BACKRAHMEN MIT 18×25 CM
ERGIBT: 12–14 STÜCK

FÜR DIE STREUSEL

20 g Mandeln
45 g Margarine oder weiches Kokosfett
30 g Rohrohrzucker
90 g Dinkelmehl (Type 700)

FÜR DEN KUCHENTEIG

50 g Walnüsse
100 g getrocknete Sauerkirschen
240 g Dinkelmehl (Type 700)
30 g Süßlupinenmehl
1/2 TL Weinsteinbackpulver
2 TL Orangenschale, abgerieben
1 TL Vanille, gemahlen
1/2 TL Salz
100 g Kokosfett
100 g Rohrohrzucker
110 g Sojajoghurt (natur)

FÜR DIE STREUSEL

Die Mandeln im Blitzhacker fein mahlen. Anschließend alle Zutaten miteinander verkneten, bis schöne Streusel entstehen.

FÜR DEN KUCHENTEIG

Walnüsse und getrocknete Sauerkirschen grob hacken. Mehle, Backpulver, Orangenschale, Vanille und Salz vermischen. Anschließend Sauerkirschen und Walnüsse unterheben, so dass diese komplett von Mehl umhüllt sind. Kokosfett vorsichtig schmelzen und mit Zucker und Joghurt verrühren. Die trockenen und feuchten Zutaten miteinander vermischen, dabei entsteht ein recht fester Teig. Diesen anschließend in die eingefettete Form drücken. Mit den Streuseln belegen und diese fest andrücken. Im vorgeheizten Backofen bei 180 °C 25–28 Minuten backen und vor dem Anschneiden komplett abkühlen lassen.

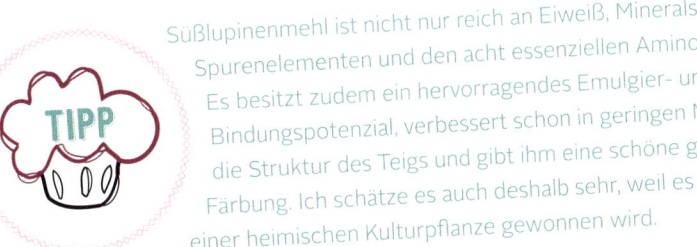

TIPP

Süßlupinenmehl ist nicht nur reich an Eiweiß, Mineralstoffen, Spurenelementen und den acht essenziellen Aminosäuren. Es besitzt zudem ein hervorragendes Emulgier- und Bindungspotenzial, verbessert schon in geringen Mengen die Struktur des Teigs und gibt ihm eine schöne gelbe Färbung. Ich schätze es auch deshalb sehr, weil es aus einer heimischen Kulturpflanze gewonnen wird.

Ich bin ja eine große Verfechterin der saisonalen Küche. Was ich aber noch nie verstanden habe, ist die Zuordnung von Zimt als Wintergewürz. Für mich geht Zimt einfach immer und er gehört auch zu den Dingen, die ich mit im Gepäck habe, wenn ich auf Reisen gehe. Ich gestehe, dass ich ihn oftmals sogar in den Kuchenteig mische, wenn es wider den „normalen" Rezeptverstand ist. Bei dieser Kreation passt meine Wunderwürze aber wirklich hervorragend und entfaltet sich sowohl im flaumigen Rührteig als auch im Sud des eingekochten Obstes.

Birnen-Zimt-Würfel
MIT STREUSELN

FÜR 1 ECKIGE MUFFINFORM (ALTERNATIV: RUNDE MUFFINFORM)
ERGIBT: 12 STÜCK

FÜR DIE ZIMTBIRNEN

2 mittelgroße Birnen
1/2 Stange Zimtrinde
125 ml Wasser

FÜR DIE STREUSEL

100 g Dinkelmehl (Type 700)
30 g Rohrohrzucker
50 g Margarine oder weiches Kokosfett

FÜR DEN SCHOKORÜHRTEIG

80 g Haselnüsse
240 g Dinkelmehl (Type 700)
150 g Rohrohrzucker
2 EL Kakao
1 TL Zimt
2 TL Backpulver
1/2 TL Natron
80 g Apfelmus
60 g Sonnenblumen- oder Rapsöl
240 ml Wasser

FÜR DIE ZIMTBIRNEN

Die Birnen schälen, putzen und in kleine Stücke schneiden. Mit Zimtrinde und Wasser in einen Topf geben und so lange köcheln, bis die Früchte weich sind (nicht zerfallen lassen!). Dann den Topf von der Herdplatte nehmen, die Zimtbirnen abkühlen und einige Stunden durchziehen lassen.

FÜR DIE STREUSEL

Mehl mit Zucker und Margarine oder Kokosfett in einer kleinen Schüssel vermischen und zu Streuseln kneten.

FÜR DEN SCHOKORÜHRTEIG

Die Haselnüsse im Blitzhacker fein mahlen. Mit Mehl, Zucker, Kakao, Zimt, Backpulver und Natron in einer Schüssel vermengen. In einer separaten Schüssel Apfelmus mit Öl und Wasser glattrühren. Anschließend die feuchten und trockenen Zutaten miteinander verrühren, bis ein homogener Teig entstanden ist. Davon jeweils 1–2 EL in die Vertiefungen der gefetteten Muffinform füllen. Darauf einen Esslöffel der Zimtbirnen setzen und mit Streuseln belegen. Im vorgeheizten Backofen bei 180 °C 22–25 Minuten backen, bis die Kuchen schön aufgegangen sind und die Streusel leicht gebräunt sind. In der Form leicht abkühlen lassen, dann herausnehmen und bis zum vollständigen Erkalten auf ein Kuchengitter setzen.

Variante
Statt Birnen schmecken auch Äpfel!

Mini-Amerikaner

FÜR 1 BACKBLECH
ERGIBT: 16 STÜCK

FÜR DEN RÜHRTEIG

100 g zimmerwarme Margarine
90 g Rohrohrzucker
10 g Vanillezucker
1 Pkg. Vanillepuddingpulver
4 EL Wasser
5 g Hirschhornsalz
1 EL Wasser
250 g Dinkelmehl (Type 700)
1 Prise Salz
100 ml Hafermilch

FÜR DIE DEKORATION

100 g Zartbitterschokolade
oder -kuvertüre
2 EL Zitronensaft
150 g Rohrohrstaubzucker

FÜR DEN RÜHRTEIG

Die zimmerwarme Margarine mit dem Zucker und Vanillezucker schaumig rühren. Das Vanillepuddingpulver mit 4 EL Wasser glattrühren. Das Hirschhornsalz mit 1 EL Wasser verrühren. Mehl mit Salz vermischen und zusammen mit dem angerührten Puddingpulver, der Hafermilch und dem angerührten Hirschhornsalz zu der Margarine-Zucker-Mischung geben und zu einem Teig verrühren. Dieser sollte nicht zu flüssig sein und zäh vom Löffel reißen. Mit einem Esslöffel oder noch besser mit einem Cookie-Portionierer kleine Häufchen auf ein mit Backpapier belegtes Backblech setzen. Dabei jeweils einige Zentimeter Platz lassen, da der Teig noch auseinanderläuft. Im vorgeheizten Backofen bei 175 °C ca. 20 Minuten backen, bis der Teig schön gebräunt ist und auf einem Kuchengitter auskühlen lassen.

FÜR DIE DEKORATION

Zunächst die beiden Glasuren herstellen: Für die dunkle Glasur die Schokolade hacken und in einer Schüssel über dem heißen Wasserbad schmelzen lassen und temperieren. Für die helle Glasur aus Staubzucker und Zitronensaft eine pastöse Creme herstellen, die sich gut verstreichen lässt. Anschließend mit einer kleinen Spachtel beide Glasuren jeweils bis zur Hälfte auf die Amerikaner auftragen und fest werden lassen.

Es gibt Dinge, an die braucht man nur kurz zu denken und schon befindet man sich auf einer Zeitreise. Mir geht es mit Amerikanern so: Sie befördern mich direkt in meine Kindheit. Ich wusste nie, ob ich nun zuerst vom zitronigen oder scholokadigen Guss abbeißen sollte und deshalb ist dieses Gebäck für mich auch nur echt, wenn es klar getrennt schwarz und weiß bestrichen ist. Der Teig darunter ist flaumig-zart und saftig zugleich und da er beim Backen flach bleiben – und nicht hoch werden – soll, finde ich die Verwendung von Hirschhornsalz als Backtriebmittel einfach am besten. Nicht erschrecken: Dies enthält heutzutage, wie der Name vielleicht vermuten ließe, nichts mehr von Tieren und verwandelt die Küche, direkt nach dem Backen, in ein nach Ammoniak riechendes Chemielabörchen.

Doppel-Nuss-Doppel-Schoko-Cookies

FÜR 1 BACKBLECH
ERGIBT: 16–18 STÜCK

FÜR DEN COOKIE-TEIG

50 g Walnüsse

130 g zimmerwarme Margarine

90 g Nuss-Nougat-Aufstrich (zartbitter)

60 g Rohrohrzucker

2 TL Karamellsirup

150 g Dinkelmehl (Type 700)

2 EL Maisstärke

1 TL Vanille, gemahlen

1/2 TL Natron

2 Prisen Salz

50 g dunkle Schokotropfen (optional)

FÜR DIE DEKORATION

Zartbitterschokolade (optional)

Die Walnüsse im Blitzhacker fein mahlen. ⁞ Margarine, Nuss-Nougat-Aufstrich, Zucker und Karamellsirup mit einem Rührgerät so lange rühren, bis eine cremige Masse entsteht. ⁞ In einer separaten Schüssel Mehl, Stärke, Vanille, Natron und Salz vermischen und die gemahlenen Walnüsse unterrühren. Dann die trockenen Zutaten zu den feuchten geben und zu einem homogenen Teig vermischen – dieser ist sehr weich, aber nicht nass. ⁞ Abschließend die Schokotropfen einarbeiten. ⁞ Vom Teig kleine Portionen abstechen, diese zu Kugeln formen und auf ein mit Backpapier ausgelegtes Backblech setzen. Dann flachdrücken, so dass Cookies mit 6–7 cm Ø entstehen (die Kekse laufen beim Backen noch leicht auseinander). ⁞ Die Cookies im vorgeheizten Backofen bei 175 °C 12–14 Minuten backen, bis die Ränder leicht gebräunt sind. Etwas abkühlen lassen, anschließend mit einem Spatel vom Backblech lösen und auf einem Kuchengitter komplett erkalten lassen. ⁞ Abschließend die Cookies mit geschmolzener Schokolade nach Lust und Laune verzieren. In einer Blechdose aufbewahrt, halten die Kekse einige Wochen lange frisch.

Wirklich jeder, der diese Kekse bisher gekostet hat, stufte sie als „süchtig machend" ein. Und das ist auch der Grund, warum sie sich bei mir zum heiß geliebten Standard-Mitbringsel entwickelt haben. Wenn man zusätzlich Schokotropfen in den Teig mischt, entsteht sogar eine Triple-Schoko-Variante. Und wer zwar Schokolade, aber keine Hasel- oder Walnüsse mag, der verwendet einfach reinen Zartbitter-Aufstrich und ersetzt die gemahlenen Walnüsse im Teig durch Mandeln, Cashewkerne oder was das Herz sonst begehrt.

Kürbis-Chai-Soft-Cookies

FÜR 1 BACKBLECH
ERGIBT: 9 STÜCK

25 g Walnüsse
120 g Dinkelmehl (Type 700)
1/2 TL Weinsteinbackpulver
1 TL Zimt, gemahlen
1/2 TL Ingwer, gemahlen
1/4 TL Nelken, gemahlen
1/2 TL Vanille, gemahlen
1 Prise Muskat
1/4 TL Salz
30 g dunkle Schokotropfen
40 g Kokosfett
130 g Kürbispüree (z.B. Hokkaido)
50 g Rohrohrzucker

Die Walnüsse grob hacken und mit Mehl, Backpulver, den Gewürzen, Salz und Schokotropfen in einer Schüssel vermischen. :: Das Kokosfett schmelzen und mit Kürbispüree und Zucker glattrühren. Anschließend die Mehl-Gewürz-Mischung unterrühren, bis sich die trockenen und feuchten Zutaten miteinander verbunden haben. :: Mit Hilfe von 2 Esslöffeln oder einem Cookie-Portionierer kleine Häufchen auf ein mit Backpapier ausgelegtes Backblech setzen und diese etwas flachdrücken. So verfahren, bis der Teig aufgebraucht ist. :: Im vorgeheizten Backofen bei 180 °C 12–14 Minuten backen bis die Ränder der Cookies leicht gebräunt sind. :: Etwas abkühlen lassen und anschließend mit einem Spatel vom Backblech lösen und auf einem Kuchengitter komplett erkalten lassen.

Wenn im Herbst die Blätter langsam fallen, geht mit ihnen auch mein Stimmungsbarometer nach unten. Nur die bunten Farben können mich ein wenig über die herannahenden kalten Monate hinwegtrösten. Kein Wunder also, dass zu dieser Zeit sehr viel Kürbis auf meinem Speiseplan steht. Am liebsten verwende ich die Sorte Hokkaido, die muss man nicht schälen und sie hat ein schönes intensives Orange. Und wenn ich schon mal beim Teilen und Entkernen bin, stelle ich gleich eine größere Menge Püree her – die ideale Basis für Suppen, Soßen und Gebäck –, das man auch einfrieren oder in Gläsern konservieren kann. So ist man auch außerhalb der Saison versorgt oder kann auf die Schnelle diese leckeren Cookies zaubern, an denen ich vor allem die Gewürze und die weiche Konsistenz liebe.

Auf der Suche nach einem passenden Mehl für diese Cookies bin ich auf Gerstenmehl gestoßen, das ich bis dahin noch nie verbacken hatte. Es ist mild und leicht süßlich und eignet sich daher perfekt für die Kombination mit anderen Mehlen. Wie so oft macht es auch bei dieser Kreation die Mischung, die zarte, süß-säuerliche Cookies entstehen lässt, die durch die Pistazien sogar noch einen knackig-nussigen Anteil bekommen.

Zitronen-Pistazien-Cookies

FÜR 1 BACKBLECH
ERGIBT: 20 STÜCK

40 g Pistazien
70 g Margarine oder Kokosfett
70 g Dinkelmehl (Type 700)
80 g Vollkornreismehl
110 g Gerstenmehl
1/2 TL Natron
1 Prise Salz
1 TL Vanille, gemahlen
100 g Agavendicksaft
20 ml Zitronensaft
2 TL Zitronenschale, abgerieben

Die Pistazien mittelgrob hacken. Margarine oder Kokosfett vorsichtig schmelzen. :: Die drei Mehle mit Natron, Salz und Vanille in einer Schüssel vermischen. Die gehackten Pistazien untermengen. Eine kleine Mulde formen und Margarine oder Kokosfett, Agavendicksaft, Zitronensaft und -schale hinzufügen und alle Zutaten zu einem glatten, weichen Teig verarbeiten. :: Vom Teig kleine Portionen abstechen, diese zu Kugeln formen und auf ein mit Backpapier ausgelegtes Backblech setzen. Anschließend flachdrücken, so dass Cookies mit 4–5 cm Ø entstehen. :: Die Cookies im vorgeheizten Backofen bei 175 °C 12–14 Minuten backen, bis die Ränder leicht gebräunt sind. Etwas abkühlen lassen, anschließend mit einem Spatel vom Backblech lösen und auf einem Kuchengitter komplett erkalten lassen. :: In einer Blechdose aufbewahrt, halten die Kekse einige Wochen lange frisch.

Zur Geschichte von B.B.'s Bakery gehört unweigerlich meine liebe Freundin Felizia, die meinen Backtraum von Anfang an teilte und mit mir beim ersten Backstand auf der Veganmania in Wien 2012 ein perfektes Team bildete. So ist es mir eine Ehre, dass sie mir für dieses Buch ihr herrliches Keksrezept schenkte. Es entstand aus dem Wunsch ihrer einstigen Yogagruppe nach einer vollwertigen und energiereichen Stärkung, die das Glücksgefühl nach einer Yoga-Einheit noch erhöhen sollte. Diese Goldstückchen sind ideal nach körperlicher Anstrengung oder auch als kleine Seelentröster. Und zusammen mit einem Glas Getreidemilch bilden sie für mich einen perfekten gesunden Snack. Je nach Geschmacksvorlieben oder Jahreszeit kann man die Anzahl und Menge an Gewürzen variieren und erhält somit auch immer wieder etwas andere Kekskreationen.

Felizias Glückskekse

FÜR 1 BACKBLECH
ERGIBT: 40 STÜCK

100 g ungeschälter Sesam
100 g Mandeln
150 g Dinkelvollkornmehl
100 g Kokosraspeln
100 g Kokosöl
50 g Agavendicksaft
1 Prise Salz
min. 4 Tropfen ätherisches Orangenöl
(alternativ: abgeriebene Orangenschale)
1 TL Zimt, gemahlen
1 TL Kardamom, gemahlen
1/4–1/2 TL Ingwer, gemahlen
1/4–1/2 TL schwarzer Pfeffer, gemahlen
1/4–1/2 TL Muskatnuss, gemahlen
1/4–1/2 TL Nelke (optional), gemahlen
ca. 1/8 Liter Wasser

Den Sesam in einer Pfanne ohne Fett anrösten. Anschließend mit den Mandeln ebenso verfahren und diese dann grob hacken. Alle Zutaten in einer großen Schüssel miteinander vermengen und zu einem geschmeidigen Teig kneten. Dieser sollte nicht mehr bröseln, aber so fest sein, dass er sich gut formen lässt. Kleine Teigportionen zu Kugeln von ca. 3–4 cm Ø formen und etwas flachdrücken. Auf ein mit Backpapier ausgelegtes Backblech legen. Die Teigkugeln können nah zusammenliegen, da sie die Form behalten und beim Backen nicht auseinanderlaufen. Im vorgeheizten Backofen bei 180 °C ca. 15–20 Minuten backen, bis die Kekse oben goldbraun sind und auf der Unterseite eine leichte Bräunung bekommen. Auf dem Backblech kurz rasten lassen und dann auf einem Kuchengitter komplett auskühlen lassen. Nach 1–2 Tagen „Durchziehen" entfaltet sich der Geschmack erst so richtig. In einer Blechdose aufbewahrt, halten die Kekse einige Wochen lange frisch.

Variante

Statt Mandeln schmecken auch Cashewkerne, Hasel- oder Walnüsse!

Verpackungstipp

Was für andere Frauen Schuhe oder Handtaschen sind, das sind für mich Muffinförmchen, Cupcake-Wrappers, Einsteckfähnchen oder Kuchenboxen – bei ihnen könnte ich in Kaufrausch geraten und hätte sie gerne in allen Farben und Formen. Das Angebot ist riesig und egal ob gepunktet, geblümt oder im Vintage-Style – beim Drumherum fürs Gebäck verhält es sich inzwischen tatsächlich wie bei der Mode ..., jede Saison ein neuer Look.

Beim Backen für den Hausgebrauch spare ich mir diese Raffinessen natürlich, aber für einen besonderen Anlass, darf es schon mal etwas mehr sein – schließlich isst das Auge bekanntlich mit und das fängt bereits bei der Präsentation an. So wirken Muffins in Kombination mit farblich abgestimmten Papiermanschetten noch peppiger, feine Törtchen in einer edlen Schachtel noch eleganter oder mit einer Schleife versehene Kekse noch liebevoller.

Zudem kann man mit der Verpackung die persönliche Note des selbst gemachten Gebäcks noch verstärken, den Dingen einen Namen geben und sie nicht zuletzt auch transportabel machen. Wie immer sind der Kreativität keine Grenzen gesetzt und wer nicht nur auf gekaufte Lösungen zurückgreifen will, kann mit ein bisschen Grundausstattung jederzeit die perfekten Präsente zusammenstellen.

- neutrale Sackerln oder Kartons
- farbiges Tonpapier und Stifte
- Zierrandschere
- Motivstempel und -aufkleber
- Papierspitze
- Geschenkbänder
- Holzklämmerchen
- Blumen, Blätter, Sterne etc.
  (je nach Jahreszeit)

hard made

Glücks-
Kekse

made with♥

Und so kann es dann aussehen,
wenn ich meinen Keksen eine hübsche Hülle gegeben habe.

Exotisches Bananenbrot

FÜR 2 KLEINE KASTENKUCHEN MIT 15 CM LÄNGE
ODER 1 KASTENKUCHEN MIT 21 CM LÄNGE
ERGIBT: CA. 10 STÜCK

100 g exotische getrocknete Früchte
(Mango, Papaya, Ananas etc.)
3 Bananen
120 g Dinkelmehl (Type 700)
120 g Dinkelvollkornmehl
50 g Kokosflocken
2 TL Weinsteinbackpulver
1/2 TL Natron
1 TL Vanille, gemahlen
2 EL Kokosblütenzucker (optional)
120 g Apfelmus
50 ml Kokosmilch
30 g Sonnenblumen- oder Rapsöl

Die Trockenfrüchte hacken bzw. in kleine Stücke schneiden. Die Bananen mit einer Gabel fein zerdrücken. :: Mehle, Kokosflocken, Backpulver, Natron, Vanille und gegebenenfalls Kokosblütenzucker miteinander vermischen und die klein geschnittenen Trockenfrüchte unterheben. :: In einer separaten Schüssel das Bananen- und Apfelmus mit Kokosmilch und Öl glattrühren. :: Die trockenen und feuchten Zutaten zusammengeben und so lange verrühren, bis ein homogener Teig entstanden ist. Diesen in eine gefettete Kuchenform füllen und im vorgeheizten Backofen bei 180 °C 35–40 Minuten backen (bei Verwendung einer großen Kastenform die Backzeit etwas verlängern). :: Das Bananenbrot ausdampfen lassen, aus der Form stürzen und anschließend auf einem Kuchengitter komplett abkühlen lassen.

Variante

Natürlich funktioniert das
Brot auch weniger exotisch:
Dafür fein gehackte Nüsse
statt Kokosflocken, Hafer-
statt Kokosmilch und Datteln,
Rosinen oder Feigen als
Trockenfrüchte verwenden.

Ob zum Frühstück, als Snack zwischendurch oder mit einem Klecks Kokos-Schlagobers garniert zur Nachmittagsjause – dieses Gebäck passt zu jeder Tageszeit und versetzt einen obendrein in Sekunden mitten in die Südsee. Die Bananen und das Apfelmus verleihen dem Brot genügend Süße, aber wem das noch nicht reicht, der kann natürlich noch nachlegen. Dafür empfehle ich Kokosblütenzucker, der aus dem Saft des Blütenstandes der Kokospalme gewonnen wird und sich nicht nur durch ein besonderes Eigenaroma, sondern auch durch viele Mineralstoffe, B-Vitamine und Antioxidantien auszeichnet.

Es gibt Kuchen, die bieten zwar einerseits die Qual der Wahl, halten aber anderseits für jeden Geschmack das Richtige bereit. Also egal ob pures Obst, Fruchtmus, Topfen oder Mohn ..., beim Belegen des Teigs gibt es keine festen Regeln und es gilt: Was die Vorratskammer hergibt, kommt zum Einsatz. Nach dem Backen wählt man sein Kuchenstück einfach nach dem momentanen Gusto aus und perfekt ist die süße Jause.

Kleckselkuchen

FÜR 1 BACKBLECH MIT EINER GRÖSSE VON 25×35 CM*

ERGIBT: 16–18 STÜCK

FÜR DEN GERMTEIG

160 ml Sojasahne
20 g frischer Germ
250 g Dinkelmehl (Type 700)
30 g Rohrohrzucker
1/2 TL Zitronenschale, abgerieben
1 Prise Salz

FÜR DEN BUNT GEMISCHTEN BELAG

3 große Äpfel
125 g Sojajoghurt (natur)
2–3 TL Rohrohrzucker
2 TL Vanillepuddingpulver
100 ml Hafermilch
40 g Rohrohrzucker
1 Pkg. Vanillezucker
100 g Mohn, gemahlen
25 g Rosinen
50–75 g Powidl

FÜR DEN GERMTEIG

Die Sojasahne leicht erwärmen, den frischen Germ darin auflösen und ca. 10 Minuten gehen lassen. ⸬ Mehl mit Zucker, Zitronenschale und Salz mischen, anschließend das Sahne-Germ-Gemisch einarbeiten. Dabei den Teig so lange kneten, bis er geschmeidig ist und sich vom Schüsselrand löst. ⸬ Den Teig zu einer Kugel formen und zugedeckt an einem warmen Ort ca. 30 Minuten gehen lassen. In der Zwischenzeit den Belag vorbereiten.

FÜR DEN BUNT GEMISCHTEN BELAG

Die Äpfel schälen und in Scheiben schneiden. ⸬ Das Joghurt mit 2–3 TL Zucker und Puddingpulver glattrühren. ⸬ Die Hafermilch mit 40 g Zucker und Vanillezucker aufkochen, gemahlenen Mohn hinzufügen und alles zusammen unter Rühren ca. 2 Minuten vorsichtig köcheln lassen. Die Rosinen untermischen, danach auf der ausgeschalteten Herdplatte ausquellen lassen. Auskühlen lassen.

Den Teig auf einer bemehlten Fläche zu einem Rechteck von 25 x 35 cm Größe ausrollen und auf ein mit Backpapier ausgelegtes Backblech legen. Nun nach Lust und Laune den Teig mit den verschiedenen Belägen belegen, bis alle Zutaten verbraucht sind. ⸬ Im vorgeheizten Backofen bei 175 °C 30–35 Minuten backen, bis der Kuchenrand leicht gebräunt ist. Auf dem Backblech abkühlen lassen und in Stücke schneiden.

* FÜR DEN KLECKSELKUCHEN VERWENDE ICH NORMALERWEISE EIN BACKBLECH, DAS NOCH AUS GROSSMUTTERS ZEITEN STAMMT – WESHALB DIE MASSE AUCH ETWAS UNÜBLICH SIND. SELBSTVERSTÄNDLICH KANN MAN BEIM BACKEN EIN GANZ NORMALES HAUSHALTSBACKBLECH VERWENDEN UND DEN TEIG AUF EIN RECHTECK VON 25×35 CM GRÖSSE AUSROLLEN.

Grünkernwürfel

FÜR 1 ECKIGE MUFFINFORM (ALTERNATIV: RUNDE MUFFINFORM)
ERGIBT: 6 STÜCK

95 g Grünkern
1 Prise Salz
300 ml Soja- oder Hafermilch
135 g Erdmandeln
2 TL Maisstärke
2 TL Tapiokastärke
1 TL Öl
20 ml Wasser
40 g Kokosfett
15 g Semmelbrösel
40 g Rohrohrzucker
2 gehäufte TL Weinsteinbackpulver
50 g dunkle Schokotropfen

Grünkern fein schroten und zusammen mit dem Salz in die Getreidemilch einrühren. ⁞ Das Gemisch zum Kochen bringen und einige Minuten sanft köcheln lassen. Dann von der Herdplatte ziehen und ausquellen lassen. ⁞ In der Zwischenzeit die Erdmandeln im Blitzhacker fein mahlen. ⁞ Mais- und Tapiokastärke sowie Öl und Wasser in einer kleinen Schüssel miteinander verrühren. ⁞ Kokosfett schmelzen. ⁞ In einer Schüssel Erdmandeln, Semmelbrösel, Zucker und Backpulver vermischen und zusammen mit dem Kokosfett sowie dem Stärke-Gemisch zum abgekühlten Grünkernbrei geben und gut miteinander verrühren. Abschließend die Schokotropfen unterheben. ⁞ Die Masse esslöffelweise in die gefetteten Mulden der Backform füllen und die Oberfläche glattstreichen. ⁞ Im vorgeheizten Backofen bei 180 °C ca. 30 Minuten backen, bis die Oberfläche leicht gebräunt ist. Da die Kuchen auch nach dem Backen sehr saftig sind, macht die Stäbchenprobe wenig Sinn. In der Form abkühlen lassen und anschließend aus der Form stürzen.

TIPP

Erdmandeln, auch Tigernüsse genannt, sind die Knollen des Erdmandelgrases – eine ausdauernde Pflanze aus dem Mittelmeergebiet. Erdmandeln haben einen besonders hohen Anteil an Ballaststoffen und liefern zusätzlich zahlreiche Mineralstoffe, Vitamin C und E sowie viele ungesättigte Fettsäuren und Proteine.

Variante

Die Erdmandeln können natürlich auch ganz hervorragend durch Mandeln ersetzt werden.

Grünkern in Bratlingen, Bolognese oder Aufstrichen kann sich wahrscheinlich jeder ganz gut vorstellen, aber in süßem Kuchen? Ja, auch darin macht sich das Getreide einfach bestens. Bei diesem Rezept entstehen aus dem geschroteten Korn im Zusammenspiel mit (Erd-)Mandeln supersaftige und nussige Küchlein. Damit die recht schwere Teigmasse nach dem Backen zusammenhält, aber trotzdem nicht patzig ist, verwende ich sowohl Backpulver als auch ein selbst zusammengerührtes Stärkegemisch.

Ich habe viele Male pikantes Maisbrot gebacken, bis ich mich daran wagte, das Mais-
mehl auch in einen Kuchen zu mischen. Zuerst stellte ich mir eine kompakte und nur ganz schwach gesüßte Variante
vor, merkte aber schnell, dass eine flaumige Konsistenz die viel bessere Wahl ist. Dazu noch die milde Süße von Reissirup und fruchtigen Heidelbeeren und fertig ist ein blitzschneller Rührkuchen, der mal ganz anders als gewohnt ist.

Maiskuchen
MIT HEIDELBEEREN

FÜR 2 KLEINE KASTENKUCHEN MIT 15 CM LÄNGE
ODER 1 KASTENKUCHEN MIT 21 CM LÄNGE
ERGIBT: CA. 10 STÜCK

200 ml Sojamilch

2 TL Apfelessig

150 g Dinkelmehl (Type 700)

150 g Maismehl

1 1/2 TL Weinsteinbackpulver

1/2 TL Natron

1 Prise Salz

40 g Sonnenblumen- oder Rapsöl

150 g Reissirup

150 g Heidelbeeren
(frisch oder tiefgekühlt)

Die Sojamilch mit dem Apfelessig verrühren und ca. 10 Minuten stehen lassen, bis sie dickflüssig wird. ⁞ Mehle mit Backpulver, Natron und Salz gut vermischen. ⁞ In einer separaten Schüssel Öl mit Reissirup und Sojamilch gut vermengen und zu den trockenen Zutaten geben. Mit einem Löffel gut verrühren, bis ein homogener Teig entstanden ist. ⁞ Die Heidelbeeren zugeben und vorsichtig unterheben – wenn gefrorene Früchte zum Einsatz kommen, diese nicht vorab auftauen, da sie sonst matschig werden und den Teig unschön verfärben. ⁞ Den Teig in die gefettete Kuchenform füllen und im vorgeheizten Backofen bei 175 °C ca. 30–35 Minuten backen, bis der Kuchen eine goldene Oberfläche hat (bei Verwendung einer großen Kastenform die Backzeit etwas verlängern). Anschließend ausdampfen lassen, aus der Form stürzen und auf einem Kuchengitter komplett abkühlen lassen.

Variante

Um einen glutenfreien Kuchen zu erhalten, ersetzt man das Dinkelmehl mit einem Gemisch aus 100 g Vollkornreismehl, 30 g Maisstärke, 15 g Tapiokastärke sowie 2 TL Pfeilwurzelmehl und verwendet statt 200 ml nur 140 ml Sojamilch.

Einmal im Monat lädt meine liebe Freundin Hanna zum „act creative" und dann wird im kleinen Kreis gebastelt, gekocht oder gebacken. Für Letzteres lieferte ich schon einige kulinarische Beiträge. Wenn diesen dann am selben Abend nicht nur das Prädikat „lecker" verliehen wird, sondern sie auch Einzug in fremde Rezeptesammlungen finden, bin ich rundum glücklich. Das kann durchaus auch mal umgekehrt passieren und so war ich mehr als begeistert, als Hanna in der Weihnachtszeit dieses fruchtig-nussige Brot ins Rennen schickte. Da es recht lange backen muss, überraschte sie mich erst am nächsten Tag mit kleinen, hübsch verpackten Laibchen, die ich als wahrlich köstlich prämierte. Danke an Hanna für diese vegane Rezeptidee, die ich leicht nach meinen Vorstellungen adaptiert habe.

Apfelbrot
À LA HANNA

FÜR 1 BACKBLECH
ERGIBT: 2 BROTE MIT CA. 15 CM Ø

375 g Äpfel
125 g getrocknete Marillen
75 g Haselnüsse
75 g Walnüsse
125 g Rosinen
80 g Rohrohrzucker
1/2 TL Zimt, gemahlen
1/2 TL Nelken, gemahlen
1/2 EL Kakao
2 EL Apfelsaft
250 g Dinkelmehl (Type 700)
1 Prise Salz
1 Pkg. Weinsteinbackpulver

Die Äpfel grob raspeln, die Marillen klein schneiden und die Nüsse halbieren. ⠿ Anschließend mit Rosinen, Zucker, Zimt, Nelken, Kakao und Apfelsaft in einer großen Schüssel vermischen. Rund 12 Stunden kalt stellen und durchziehen lassen. ⠿ Dann Mehl, Salz und Backpulver unterkneten, bis sich alle Zutaten gut miteinander verbunden haben. ⠿ Die Teigmenge halbieren und zwei gleich große Laibchen daraus formen. Diese auf ein mit Backpapier ausgelegtes Backblech legen und im vorgeheizten Backofen bei 150 °C ca. 90 Minuten backen. Danach komplett auskühlen lassen.

Das Apfelbrot schmeckt frisch köstlich, entfaltet aber seine Aromen so richtig erst nach einigen Tagen „Durchziehen". Am besten lagert man es in Folie eingewickelt an einem kühlen und trockenen Ort – so hält es sich einige Wochen.

Marillen-Bagels

FÜR DEN GERMTEIG

250 g Dinkelmehl (Type 700)
100 g Dinkelvollkornmehl
2 TL Zucker
1 Prise Salz
60 g getrocknete Marillen
100 ml Orangensaft
100 ml Wasser
20 g frischer Germ
25 g Sonnenblumen- oder Rapsöl

FÜR DAS KOCHWASSER

1 l Wasser
5 g Natron
40 g Zucker

FÜR DIE DEKORATION

1–2 EL weiße Sesamsamen

FÜR DEN GERMTEIG

Mehlsorten, Zucker und Salz in einer Schüssel mischen. Getrocknete Marillen klein würfeln. Orangensaft und Wasser leicht erwärmen, Germ darin auflösen und das Gemisch zusammen mit dem Öl und den Marillen zu der trockenen Mischung geben. Zu einem glatten Teig kneten, der geschmeidig ist und sich vom Schüsselrand löst. Den Teig zu einer Kugel formen und zugedeckt an einem warmen Ort ca. 30 Minuten gehen lassen. Den Teig zu sechs gleich großen Kugeln formen und auf ein mit Backpapier ausgelegtes Backblech setzen. Dann nochmals ca. 10 Minuten gehen lassen. In die Mitte jeder Teigkugel ein Loch bohren und runde Kringel formen.

FÜR DAS KOCHWASSER

1 l Wasser mit Zucker und Natron aufkochen. Die Teigkringel nacheinander für ca. 1 Minute ins heiße, aber nicht kochende Wasser legen. Mit einer Schaumkelle herausnehmen, kurz abtropfen lassen, in Sesam wälzen und zurück auf das Backblech setzen.

Die Marillen-Bagels anschließend im vorgeheizten Backofen bei 220 °C 10 Minuten anbacken, dann die Temperatur auf 180 °C reduzieren und die Bagels weitere 12–14 Minuten backen, bis sie eine goldbraune Farbe haben.

Bagels sind mehr als nur Semmeln mit Loch in der Mitte. Bevor sie in den Backofen wandern, nehmen die Germteigkringel ein kurzes Natronbad, das ihnen eine einzigartige Kruste verleiht. Meine Variante mit Orangensaft und Marillenstückchen ist nur ganz leicht süß und schmeckt sowohl pur, als auch süß bestrichen oder belegt. Wer etwas mutiger ist, entscheidet sich für ein herzhaftes Obendrauf, beispielsweise in Form von feinen Scheiben Räuchertofu oder Tomatenaufstrich.

Leinsamen-Buttermilch-Semmeln

FÜR 1 BACKBLECH
ERGIBT: 12–14 STÜCK

50 g Leinsamen
125 ml lauwarmes Wasser
125 ml Sojamilch
1 TL Apfelessig
30 g frischer Germ
125 ml Wasser
500 g Weizenmehl (Type 700)
1–2 TL Salz

Die Leinsamen im lauwarmen Wasser einweichen und 15 Minuten quellen lassen. ⁝ Die Sojamilch mit dem Essig mischen und ebenso 15 Minuten stehen lassen, bis eine dickliche Masse entstanden ist. ⁝ Germ im Wasser auflösen und mit Mehl und Salz vermengen. Die Sojamilch- sowie Leinsamenmischung unterrühren und so lange durchkneten, bis ein homogener Teig entstanden ist. Diesen zugedeckt ca. 1 Stunde gehen lassen. ⁝ Anschließend Semmeln formen und auf ein mit Backpapier ausgelegtes Backblech setzen. Die Semmeln nochmals ca.10 Minuten gehen lassen und im vorgeheizten Backofen bei 220 °C erst 12 Minuten anbacken, dann die Temperatur auf 180 °C reduzieren und nochmals 12–14 Minuten backen, bis die Semmeln schön goldbraun gefärbt sind.

Selbst wenn man es vielleicht nicht glauben sollte, aber auch beim Kauf von Semmeln muss man als VeganerIn genau auf die Zutaten achten. Neben Cystein (E 920), das aus Tierhaaren oder -federn gewonnen wird und Teige knetfähig macht, stecken oftmals Butter, Molke oder Topfen tierischen Ursprungs in den runden Stückchen. Grund genug also, Semmeln selbst zu backen. Sie gehen kinderleicht und schmecken um so viel besser als ihre gekauften Pendants. Wenn man den Teig am Abend vorbereitet und über Nacht in den Kühlschrank stellt, hat man am nächsten Morgen fast schneller frische Semmeln gebacken, als man zum Bäcker laufen kann.

Haferflockensemmeln

FÜR 1 BACKBLECH
ERGIBT: 12–14 STÜCK

250 g Haferflocken (Kleinblatt)
300 ml kochendes Wasser
20 g frischer Germ
1 TL Rohrohrzucker
350 ml lauwarme Sojamilch
400 g Dinkelmehl (Type 700)
100 g Dinkelvollkornmehl
2 TL Salz
1 TL Brotgewürz, gemahlen (optional)

Die Haferflocken mit kochendem Wasser übergießen und 10–15 Minuten quellen lassen. :: Germ mit Zucker in Sojamilch auflösen und 10 Minuten gehen lassen. :: Anschließend das Haferflocken- sowie Germgemisch mit Mehlen, Salz und gegebenenfalls Brotgewürz vermengen und so lange zu einem Teig verkneten, bis er geschmeidig ist und sich vom Schüsselrand löst. :: Den Teig zu einer Kugel formen und zugedeckt an einem warmen Ort ca. 45 Minuten gehen lassen. Anschließend nochmals durchkneten und Semmeln formen. Auf ein mit Backpapier ausgelegtes Backblech setzen und erneut rund 10 Minuten gehen lassen. Dann mit Wasser bestreichen. :: Im vorgeheizten Backofen bei 220 °C erst 12 Minuten anbacken, dann die Temperatur auf 180 °C reduzieren und nochmals 12–14 Minuten backen, bis die Semmeln schön goldbraun gefärbt sind.

Haferflocken gehören zu den Basics in meinem Küchenschrank und wandern, zusammen mit anderen Getreidesorten, regelmäßig in meinen morgendlichen Frühstücksbrei. Die Tatsache, dass sie in Verbindung mit heißer Flüssigkeit sehr schnell ausquellen und eine cremige Konsistenz entwickeln, kommt auch diesen Semmeln zugute. So gesehen verbacke ich hier Haferbrei – aber keine Sorge, die Semmeln sind am Ende trotzdem locker-leicht.

Es gibt Gerichte, die helfen bei Kummer, verleihen ein wohlig warmes Gefühl im Bauch und sind so leicht in ihrer Zubereitung, dass es kaum zu glauben ist. Zu diesen Speisen zähle ich Milchreis. Das einzig „Schwierige" an ihm ist das lange, stetige Rühren, weshalb er auch nicht in die Rubrik schnelle Küche gehört. So ist er für ein gemütliches Sonntagsfrühstück reserviert – ebenso wie auch für dieses Dessert. Es macht aus dem Milchreis etwas ganz Besonderes und hat mit einem einfachen Kinderessen gar nichts mehr zu tun. Und umso besser, wenn vom Orangenkaramell etwas übrig bleibt – denn das schmeckt auch himmlisch über Joghurt oder frisch gebackenen Muffins.

Reisauflauf
MIT BROM BEEREN UND ORANGENKARAMELL

FÜR 4 AUFLAUFFÖRMCHEN MIT 9 CM Ø
ERGIBT: 4 STÜCK

FÜR DEN MILCHREIS

100 g Rundkornreis
450 ml Reismilch
1 Prise Salz
1 Pkg. Vanillezucker
1 TL Orangenschale, abgerieben
125 g Sojajoghurt (natur)
125 g Brombeeren

FÜR DAS ORANGENKARAMELL

50 g Rohrohrzucker
50 ml Orangensaft
50 ml Soja- oder Hafersahne

FÜR DEN MILCHREIS

Den Reis mit Milch und Salz in einen Topf geben und unter ständigem Rühren ca. 25 Minuten lang ausquellen lassen. Am Ende der Kochzeit Vanillezucker, Orangenschale und Joghurt unterrühren. 4 Auflaufförmchen ausfetten und jeweils 1 EL Reisbrei einfüllen, mit 3–4 Brombeeren belegen und den restlichen Reis darauf verteilen. Im vorgeheizten Backofen bei 200 °C 13–15 Minuten backen.

FÜR DAS ORANGENKARAMELL

In der Zwischenzeit das Orangenkaramell zubereiten. Dafür den Zucker in einen Topf geben und unter Rühren so lange heiß werden lassen, bis er flüssig wird (Vorsicht: der Zucker wird sehr heiß!). Dann mit Orangensaft und Sahne ablöschen. Dabei bildet der Zucker, je nach Hitze, Klumpen. Davon aber nicht beirren lassen, sondern den Topf zurück auf die Platte stellen und den Zucker unter stetigem Rühren wieder auflösen lassen. Die Temperatur zurückschalten und die Masse 10–15 Minuten einköcheln lassen, bis ein cremiges Karamell entstanden ist. Die restlichen Brombeeren auf die Auflaufförmchen verteilen und mit dem Karamell beträufeln.

Zitrus–Amaranth–Waffeln

FÜR 1 WAFFELEISEN
ERGIBT: 8 ECKIGE ODER 5 RUNDE WAFFELN

FÜR DEN RÜHRTEIG

200 g Dinkelmehl (Type 700)
30 g Maisstärke
3 TL Weinsteinbackpulver
1/2 TL Vanille, gemahlen
1 TL Zitronenschale, abgerieben
1 TL Limettenschale, abgerieben
40 g Sonnenblumen- oder Rapsöl
60 g Agavendicksaft
80 ml Orangensaft
180 ml Hafermilch
30 g gepoppter Amaranth

FÜR DIE DEKORATION

Rohrrohrstaubzucker
frische Früchte nach Wahl

FÜR DEN RÜHRTEIG

Mehl, Stärke, Backpulver, Vanille, Zitronen- und Limettenschale miteinander vermischen. :: In einer separaten Schüssel Öl, Agavendicksaft, Orangensaft und Hafermilch verrühren. Anschließend die feuchten Zutaten zu den trockenen geben und so lange vermischen, bis ein homogener Teig entstanden ist. :: Zuletzt den gepoppten Amaranth unter den Teig heben. :: Jeweils 2–3 EL Teig in das vorgeheizte Waffeleisen geben und goldgelbe Waffeln ausbacken. :: Mit Staubzucker und frischen Früchten dekorieren.

TIPP

Amaranth ist ein glutenfreies und eiweißreiches Getreide mit einem hohen Gehalt an Magnesium und Eisen. Es hat ein fein-nussiges Aroma und lockert, in aufgepuffter Form, sämtliche Rührteige.

Das Waffeleisen gehört definitiv zu den tollsten Erfindungen, denn mit kaum etwas anderem kann man in solch einer Windeseile spontane Gebäckgelüste stillen. Während ich den Teig zusammenrühre, heizt das Gerät schon mal vor, und ist dieser einmal eingefüllt, heißt es nur noch wenige Minuten durchhalten. Der verführerische Waffelduft hat noch jeden Überraschungsgast ins Schwelgen versetzt und was übrig bleibt, wandert in die Jausenbox für den nächsten Tag.

Variante

Wer die Waffeln glutenfrei backen möchte, verwendet folgende Mehlmischung: 100 g Hirsemehl, 65 g Vollkornreismehl, 25 g Maisstärke, 25 g Tapiokastärke, 15 g Pfeilwurzelmehl und ersetzt die Hafermilch durch Soja- oder Reismilch.

Glossar, Umrechnungstabellen und Register

glossar

AGAR-AGAR Vielseitiges, rein pflanzliches Gelier-mittel, das aus roten Meeresalgen gewonnen wird. Es entwickelt seine Gelierkraft nur durch Aufkochen, die einzudickende Masse wird erst nach dem Er-kalten komplett fest.

AGAVENDICKSAFT Süßungsmittel aus dem Saft verschiedener Arten von Agaven, der gefiltert und eingedickt wird. Neutral und mild im Geschmack, süßt um 25 % stärker als herkömmlicher Zucker.

BLANCHIEREN Kurzzeitiges Überbrühen von Nüssen oder Früchten mit siedendem Wasser. Danach lässt sich die Haut bzw. Schale sehr leicht abziehen.

BLINDBACKEN Vorgang zum Backen eines Teigbodens oder einer Teighülle, die nachträglich gefüllt werden soll. Da der Boden dabei flach bleiben soll, wird er mit einer Gabel mehrfach durchstochen, mit Papier ausgelegt und mit getrockneten Hülsenfrüchten beschwert. Diese „Blindfüllung" wird nach dem Backen durch die eigentliche Füllung ersetzt.

CAROBPULVER Vermahlenes Fruchtfleisch der ge-trockneten Früchte des Johannisbrotbaums. Das fruchtig-karamellige Aroma erinnert an Kakao, im Unterschied zu diesem ist Carobpulver aber sehr fettarm und frei von anregenden Substanzen wie Koffein.

DRESSIERSACK Konisch geformter Spritzbeutel aus Kunststoff oder beschichtetem Gewebe mit einer aus Edelstahl oder Kunststoff gefertigten Spritz-tülle am unteren Ende. Er dient zum genauen Auf-tragen von Schlagobers und Cremes zu dekorativen Zwecken oder zum Formen von Spritzgebäck.

GANACHE Kuvertüre-Sahne-Creme aus Schokolade und Obers mit unterschiedlichen Mischungsverhältnissen. Sie dient je nach Konsistenz als Füllung, Überzugs-masse oder zum Dressieren.

GERM Österreichische Bezeichnung für Hefe.

GLASIEREN Übergießen oder Überziehen von Süß-speisen und Gebäck mit Glasuren auf der Basis von Zucker und Kakao.

HEIDELBEERE Heidelbeere: Andere Bezeichnung für Blaubeere, österreichisch auch Schwarz- oder Moosbeere.

HIRSCHHORNSALZ Backtriebmittel, das zur Locke-rung von Flachgebäck, wie beispielsweise Amerika-ner oder Lebkuchen dient, und sich vom Backpulver unter anderem durch das Fehlen saurer Bestandteile unterscheidet.

JOGHURT (PFLANZLICH) Alternative zum Produkt tierischen Ursprungs, auf der Basis von Soja und Joghurtkulturen. Ist im Handel unter verschiede-nen Kunstwörtern, wie z.B. Yofu, und in sämtlichen Geschmacksrichtungen erhältlich.

JOHANNISBROTKERNMEHL Geschmacksneutrales Binde-mittel aus den Fruchtsamen des Johannisbrotkernbau-mes. Es kann kalt oder warm angerührt werden und eignet sich als Bindemittel im Teig sowie zum Andi-cken von Cremes oder Soßen. Kalt angerührt setzt die Bindung nicht unmittelbar ein, d.h., erst einmal vorsichtig dosieren und die Konsistenz nach rund 1 Stunde prüfen.

KIPFERL Österreichische Bezeichnung für Hörnchen.

KUCHENGITTER Grobmaschiges Gitter zum Auskühlen oder Überziehen von jeglichem Gebäck. Dieses kann somit nicht schwitzen, weil die Wärme rundherum abziehen kann.

KUVERTÜRE Hochwertige Schokolade, die sich von normaler Schokolade durch einen höheren Fettgehalt (höherer Anteil an Kakaobutter) unterscheidet und sich deshalb bestens für das Glasieren von Gebäck oder Konfekt eignet. Für optimale Ergebnisse sollte sie temperiert werden (siehe Stichwort Temperieren).

MARILLE Österreichische Bezeichnung für Aprikose.

MARZIPAN Aus blanchierten und geschälten Mandeln sowie Zucker hergestellte Masse.

MEHL Je nach Ausmahlungsgrad bzw. Mineralstoffgehalt des Mehls werden Weizen, Roggen und Dinkel in Typen eingeteilt. Dabei drückt eine niedrige Type einen geringen Mineralstoffgehalt aus und es handelt sich dabei um ein helles Mehl. Hohe Typen sind dunkle Mehlsorten und reich an Mineralstoffen. Die unterschiedlichen Typen weisen außerdem verschiedene Backeigenschaften auf:

- Weizenmehl Type 480 in Österreich bzw. 405 in Deutschland sowie Dinkelmehl 480 in Österreich bzw. 405 in Deutschland: ganz helles Mehl mit sehr guten Klebereigenschaften für feine Backwaren wie Torten, Kuchen oder Kekse
- Weizenmehl Type 700 in Österreich bzw. 550 in Deutschland sowie Dinkelmehl 700 in Österreich bzw. 630 in Deutschland: etwas dunkleres Mehl, das sehr gut aufgeht und sich v.a. für feinporige Teige, wie Rührkuchen, Kleingebäck und helle Semmeln eignet

- Weizenmehl Type 1600 in Österreich bzw. 1050 in Deutschland sowie Dinkelmehl 1600 in Österreich bzw. 1050 in Deutschland: kräftiges Mehl, etwas heller als 100%iges Vollkornmehl, für dunkle Brote geeignet
- Weizenvollkornmehl bzw. Dinkelvollkornmehl: wird aus dem ganzen Korn vermahlen und hat deshalb keine Typenbezeichnung. Es enthält alle natürlichen Vitamine, Mineral- und Ballaststoffe und braucht beim Backen mehr Flüssigkeit als andere Sorten

Darüber hinaus gibt es bei Mehlen noch die Begriffe glatt und griffig. Griffiges Mehl ist gröber vermahlen und nimmt Flüssigkeit langsamer auf, sodass der Teig bei längerem Stehenlassen nachsteift. Es wird vor allem für Teige verwendet, die elastisch sein müssen, beispielsweise für Strudelteige. Für alle sonstigen Mehle gibt es keine Typeneinteilung. Sie sind je nach Art und Hersteller in unterschiedlichen Mahlgraden erhältlich oder können aus dem ganzen Korn mit Hilfe einer Getreidemühle selbst vermahlen werden.

MILCH (PFLANZLICH) Alternative zum Produkt tierischen Ursprungs, auf der Basis von Getreide oder Nüssen. Ist im Handel unter dem Begriff „Drink" in vielen Geschmacksrichtungen erhältlich.

NATRON Backtriebmittel, welches aus reinem Natriumhydrogencarbonat besteht, erst in Kombination mit sauren Bestandteilen reagiert und zur Lockerung von Gebäck aller Art dient. Kann nicht einfach im Verhältnis 1:1 mit Backpulver ausgetauscht werden, weil eventuell die saure Komponente im Rezept fehlt.

NOUGAT Konfektmasse mit (dunkles Nougat) oder ohne (weißes Nougat) Kakao. Die Hauptzutat von dunklem Nougat sind Haselnüsse, die, je nach Rezeptur, mit Zucker, Kuvertüre, Kakaobutter und weiteren Bestandteilen zu einer homogenen Masse verknetet werden, die von cremig bis schnittfest reicht.

OBERS Österreichische Bezeichnung für Sahne oder Rahm.

PFEILWURZELMEHL Geschmacksneutrales Stärkemehl aus den Wurzeln und Knollen der Pfeilwurz. Es eignet sich zum Andicken von Soßen, Cremes oder Pudding, dickt bereits bei 65 °C ein und wird nicht glasig. Zudem dient es als Bindemittel in Teigen.

POWIDL Österreichische Bezeichnung für dick eingekochtes Pflaumenmus.

REINDL Österreichische Bezeichnung für Auflaufform.

REISSIRUP Süßungsmittel, das aus Reismehl gekocht und nach dem Ausfiltern der festen Bestandteile zu Sirup eingedickt wird. Süßlich-mild im Geschmack mit einer geringeren Süßkraft als herkömmlicher Zucker.

RIBISEL Österreichische Bezeichnung für Johannisbeere.

SAHNE (PFLANZLICH) Alternative zum Produkt tierischen Ursprungs, auf der Basis von Soja, Hafer, Mandel, Dinkel, Reis oder Kokos. Ist im Handel unter den Begriffen „Creme" oder „Cuisine" in unterschiedlichen Fettgehalten und auch als aufschlagbare Variante erhältlich.

SAUERRAHM Österreichische Bezeichnung für saure Sahne.

SEIDENTOFU Sojaprodukt mit sehr hohem Feuchtigkeitsgehalt und sehr zarter Textur. Er eignet sich bestens zum Pürieren und somit als Basis für Cremes oder als Zutat für weiche Teige.

TAPIOKASTÄRKE Geschmacksneutrales Bindemittel aus der Maniokwurzel, das ähnliche Eigenschaften wie Kartoffelstärke aufweist. Es eignet sich zum Andicken von Soßen, Cremes oder Pudding sowie als Zugabe im Teig.

TEMPERIEREN (SCHOKOLADE) Vorgang, bei dem Schokolade oder Kuvertüre langsam erwärmt, wieder abgekühlt und schließlich auf die Verarbeitungstemperatur gebracht wird, um eine Entmischung von Kakaobestandteilen zu verhindern. Dabei wird ein bestimmtes Fließ- und Erstarrungsverhalten der Schokolade erreicht. Ziel ist ein gleichmäßiges Aushärten, ein zarter Schmelz sowie eine glatte, glänzende Oberfläche der Schokolade.

Die für den Hausgebrauch einfachste Methode, Schokolade zu temperieren, ist die sogenannte Impfmethode: Schokolade klein hacken und zwei Drittel in der Schüssel über dem heißen Wasserbad schmelzen lassen. Anschließend außerhalb des Wasserbads das letzte Drittel unter Rühren hinzufügen. Dann auf die optimale Verarbeitungstemperatur bringen. Für diese gelten folgende Richtwerte:
- Zartbitter-Kuvertüre: 31–32,5 °C
- Milchkuvertüre: 29–31 °C
- weiße Kuvertüre: 28–29 °C

TEIGKARTE Flacher, halbrund oder eckig geformter Teigschaber ohne Stiel, mit dem man Schokolade oder Cremes gleichmäßig auf Torten oder Kuchen verteilen und glattstreichen kann. Zudem lassen sich damit feste Teige abstechen oder vom Untergrund lösen.

TOPFEN Österreichische Bezeichnung für Quark.

VANILLEZUCKER Rohrohrzucker, der mit frischem Vanillemark vermischt und aromatisiert wird. Er lässt sich leicht selbst herstellen, indem man Rohrohrzucker mit einer (ausgekratzten) Vanilleschote in ein dicht schließendes Glas gibt. Innerhalb weniger Tage überträgt sich das Vanillearoma auf den Zucker.

WEINSTEINBACKPULVER Backtriebmittel, welches aus Natriumhydrogencarbonat sowie einem Säuerungsmittel (Weinstein) besteht und zur Lockerung von Gebäck aller Art dient.

Umrechnungstabellen

Die folgenden Tabellen zeigen gängige Backformgrößen und die Faktoren, mit denen man die einzelnen Zutaten eines Rezepts multiplizieren muss, um eine kleinere oder größere Formgröße verwenden zu können.

BEISPIEL: Hat man selbst eine Backform mit 20 cm Ø, das Rezept bezieht sich aber auf 24 cm Ø, so multipliziert man alle Zutaten mit dem Faktor 0,69.

Runde Backformen (Durchmesser)

von

auf	16 CM	18 CM	20 CM	22 CM	24 CM	16 CM	28 CM	30 CM
16 cm	1	0,79	0,64	0,53	0,44	0,38	0,33	0,28
18 cm	1,27	1	0,81	0,67	0,56	0,48	0,41	0,36
20 cm	1,56	1,23	1	0,83	0,69	0,59	0,51	0,44
22 cm	1,89	1,49	1,21	1	0,84	0,72	0,62	0,54
24 cm	2,25	1,78	1,44	1,19	1	0,85	0,73	0,64
26 cm	2,64	2,09	1,69	1,4	1,17	1	0,86	0,75
28 cm	3,06	2,42	1,96	1,62	1,36	1,16	1	0,87
30 cm	3,52	2,78	2,25	1,86	1,56	1,33	1,15	1

Eckige Backformen

von

auf	15 × 15 CM	18 × 18 CM	20 × 20 CM	24 × 24 CM	24 × 20 CM	28 × 18 CM	35 × 25 CM	42 × 30 CM
15 × 15 cm	1	0,69	0,56	0,39	0,47	0,45	0,26	0,18
18 × 18 cm	1,44	1	0,81	0,56	0,68	0,64	0,37	0,26
20 × 20 cm	1,78	1,23	1	0,69	0,83	0,79	0,46	0,32
24 × 24 cm	2,56	1,78	1,44	1	1,2	1,14	0,66	0,46
24 × 20 cm	2,13	1,48	1,2	0,83	1	0,95	0,55	0,38
28 × 18cm	2,24	1,55	1,26	0,88	1,05	1	0,58	0,4
35 × 25 cm	3,89	2,7	2,19	1,52	1,82	1,74	1	0,69
42 × 30 cm	5,6	3,89	3,15	2,19	2,63	2,5	1,44	1

Register

Danksagung

Ohne die praktische und moralische Unterstützung

von vielen wunderbaren Menschen wäre dieses Buch niemals möglich gewesen. Darüber bin ich sehr glücklich und ich sage ganz besonders DANKE an:

- Anita Winkler vom Löwenzahn Verlag für das Anstoßen und Ermöglichen des Buchprojekts und die fabelhafte Betreuung in jeder einzelnen Phase.
- Petra Möderle vom Löwenzahn Verlag für das bestmögliche Lektorat und Projektmanagement sowie die vielen konstruktiven Hinweise, die das Buch rund und alle Inhalte verständlich machten.
- Michael Eckstein für die unbeschreiblich produktiven und lustigen Fotoshootings (ja, wir waren von der ersten Sekunde an ein echtes Dream-Team).
- Laurent Lang, der beste Webmaster, den ich mir vorstellen kann, durch dessen Gestaltung und Betreuung meiner Homepage **www.bbbakery.at** ich überhaupt erst meine Backleidenschaft öffentlich sichtbar machen kann.
- Meine Schwester, für ihre stets offenen Arme und Ohren.
- Meine Eltern, deren Haus und Garten wir ganz schön auf den Kopf gestellt haben, die – egal, was kommt – an mich glauben und einfach immer da sind und insbesondere an meine Mama für ihre helfenden Hände und das gute Gespür fürs Backen.
- Martin, mein Geschenk des Himmels und allergrößter Fan, der selbst nach dem fünften Backversuch innerhalb von zwei Tagen noch immer voller Freude strahlt, wirklich alles verkostet und der mein Leben zauberschön macht!